Martina Walter-Krick, Martin Werth (Hg.)
„Alles, was ihr tut, geschehe in Liebe."

D1718227

Martina Walter-Krick, Martin Werth (Hg.)

Alles, was ihr tut, geschehe in Liebe.

Die Jahreslosung 2024 – Ein Arbeitsbuch
mit Auslegungen und Impulsen für die Praxis

 neukirchener

Für die Bildmeditation zur Jahreslosung ist das Bild
von Inge Heinicke-Baldauf im Postkartenset erhältlich.
ISBN 978-3-7615-6947-4

Bibliografische Information der Deutschen Nationalbibliothek:
Die Deutsche Nationalbibliothek verzeichnet diese Publikation
in der Deutschen Nationalbibliografie; detaillierte bibliografische
Daten sind im Internet über http://dnb.d-nb.de abrufbar.

© 2023 Neukirchener Verlagsgesellschaft mbH, Neukirchen-Vluyn
Alle Rechte vorbehalten
Umschlaggestaltung: Grafikbüro Sonnhüter, www.sonnhueter.com,
unter Verwendung eines Bildes © Inge Heinicke-Baldauf
Lektorat: Anna Böck
DTP: Breklumer Print-Service, www.breklumer-print-service.com
Verwendete Schriften: Dante MT, Scala Sans
Gesamtherstellung: Drukarnia Dimograf Sp z o.o., Bielsko-Biała
Printed in Poland
ISBN 978-3-7615-6946-7

www.neukirchener-verlage.de

Inhalt

Vorwort

„Alles, was ihr tut, geschehe in Liebe."

Das Schlüsselwort der Jahreslosung 2024 ist die Liebe. Das spricht uns unmittelbar an. Liebe ist eine Erfahrung. Liebe ist Geborgenheit, Annahme, Heimat. Liebe ist vielleicht das schönste Wort, das es gibt.

Liebe bleibt zugleich eine Sehnsucht. Wir sind darauf angewiesen geliebt zu werden, doch ab und an vermissen wir die Liebe.

In der Jahreslosung entdecken wir eine Aufforderung. Wir hören, dass wir lieben sollen. Aber können wir das? Vor allem: Können wir das in allem, was wir tun? Ist das nicht ein zu hoher Anspruch?

In diesem Buch sind Liebesbeiträge von ganz verschiedenen Autorinnen und Autoren versammelt. Sie sind verschieden im Alter, im Beruf, in der Lebensphase. Sie berichten von ihrer teils sehr unterschiedlichen Sicht auf die Liebe. In diesem Buch findet sich ein vielstimmiger Chor und das ist gut so. Die Vielstimmigkeit dient der Auseinandersetzung mit meinem jeweiligen Verständnis von Liebe. Die Vielstimmigkeit bereichert.

Wir suchen die Liebe in der Bibel, wir entdecken sie in Familie und Partnerschaft, wir erfahren sie in Diakonie und Predigt, wir wollen sie erfahrbar machen in Gottesdiensten und für Gruppen und Kreise.

Auch dieses Jahreslosungsbuch hat zwei Zielrichtungen: Es ist zunächst einfach ein Lesebuch, das Sie bereichern soll. Ein Buch, in dem Sie in ganz unterschiedlichen Formaten Entdeckungen zur Liebe machen dürfen. Es ist aber auch ein Arbeitsbuch, in dem Sie vielfältige Anregungen für Gemeindeveranstaltungen aller Art finden können. Wir hoffen, dass es Ihr kirchliches Leben bereichern wird.

Ausdrücklich danken wir allen Autorinnen und Autoren, die ihre Kompetenz in dieses Buch eingebracht haben. Das freut uns sehr. Weiter danken wir dem Verlag und der Lektorin, Anna Böck, für die vertrauensvolle und kompetente Betreuung des Buches.
Wir wünschen uns, dass die Jahreslosung 2024 für viele eine Ermutigung wird, der Liebe in allen unseren Bezügen Raum zu geben. Diese Welt und unsere Gemeinden brauchen Liebe.

Martina Walter-Krick   Dr. Martin Werth

Alles, was ihr tut, geschehe in Liebe.

EXEGETISCHE UND THEOLOGISCHE BEOBACHTUNGEN ZUR JAHRESLOSUNG

Martin Werth

„Alles, was ihr tut, geschehe in Liebe." (1 Korinther 16,14)

Die Jahreslosung für das Jahr 2024 ist kurz und prägnant. Als Übersetzung wurde die ökumenische *Einheitsübersetzung* gewählt.

Ich beginne zunächst in den ersten beiden Punkten mit der eigentlichen Jahreslosung. In einem dritten Schritt nehmen wir den wichtigen Vers 13 hinzu. Abschließend wird unser Blick durch das Kapitel 15 geweitet.

Für die Wahrnehmung der Liebe im Neuen Testament insgesamt verweise ich gerne auf den anschließenden Beitrag von Dr. Volker A. Lehnert.

1. Die eigentliche Jahreslosung – Ermahnung zur Liebe

Im griechischen NT besteht die Jahreslosung aus fünf Wörtern bzw. aus drei Wortgruppen: πάντα ὑμῶν ἐν ἀγάπῃ γινέσθω.

Das Subjekt des Satzes ist πάντα = alles (Nominativ Plural Neutrum). Es wird durch das Genitivattribut ὑμῶν erweitert. Wörtlich bedeutet das: „Alles euer" im Sinne von: „Alles bei euch" / „alle eure Dinge / Angelegenheiten / Taten" / „alles, was ihr tut".

Das finite Verb steht am Ende: γινέσθω = es soll geschehen (3. Person Singular[1] Imperativ Aorist[2] Medium / Passiv[3]). Die Aufforderung an die Leserinnen und Leser kann man in diesem Satz zu Recht mithören. Aber es ist keine direkte Aufforderung. Der Imperativ steht nicht in der 2. Singular („Du sollst") oder der 2. Plural („Ihr sollt"). Paulus weitet aus: „Alles soll …" Mit dieser Ausweitung wird eine (Mit-)Verantwortung der Leserinnen und Leser dafür, dass die Liebe zum Maßstab wird, nicht ausgeschlossen, aber vielleicht eingeschränkt (vgl. unten Punkt 3).

„Alles soll geschehen" ist demnach der Satzkern aus Subjekt und Prädikat. Wir merken sofort, dass dieser Satzkern einer Ergänzung bedarf.

In der Mitte des Satzes (formal und inhaltlich) steht die Liebe, begleitet von einer modalen Präposition: ἐν ἀγά-´πῃ. Dieses ἐν kann mit „in", aber auch mit „durch" oder

---

1   Im Griechischen ist es möglich bis üblich, beim Subjekt im Neutrum Plural das Verb dennoch im Singular zu formulieren. Er bringt durch dieses Verb im Singular den kollektiven Aspekt zum Ausdruck.

2   Die Benennung der griechischen Zeitform Aorist kann vernachlässigt werden. Der Aorist ist grundsätzlich ein Vergangenheitstempus, allerdings nur in der indikativischen Form. Der Imperativ wird immer präsentisch übersetzt und bedeutet in diesem Satz vermutlich einen verschärfenden punktuellen Aspekt. „Alles soll jeweils konkret in Liebe geschehen."

3   Die Benennung des Genus Verbi als Medium / Passiv kann ebenfalls unberücksichtigt bleiben. Dieses Verb ist ein Deponens, d.h. es begegnet immer in medialer oder passiver Form mit aktiver Bedeutung. Eine eigene aktive Variante gibt es bei diesem Verb nicht.

„mit" übersetzt werden. Welchen deutschen Begriff man wählen mag, scheint Geschmackssache zu sein. Die Entscheidung für „in" ist zunächst sehr neutral. Wenn wir „mit" übersetzen, wird die Liebe zum Instrument. Was verändert sich, wenn wir „durch" wählen? Ich komme darauf zurück.

2. Übersetzungsvergleich zur Jahreslosung

Wir vergleichen verschiedene Übersetzungen. Das ist auch bei einem so kurzen Vers eine lohnende Strategie.

- Alles, was ihr tut, geschehe in Liebe. (Einheitsübersetzung, Zürcher)
- Alle eure Dinge lasst in der Liebe geschehen! (**Luther 2017**)
- Alles bei euch geschehe in Liebe! (Elberfelder)
- Alles, was ihr tut, soll in Liebe geschehen! (Basisbibel, Neues Leben, Das Buch)
- Alles, was ihr tut, soll von der Liebe bestimmt sein. (Gute Nachricht)
- Lasst euch in allem, was ihr tut, von der Liebe bestimmen. (Neue Genfer)
- Alles, was ihr tut, tut mit Liebe. (Bibel in gerechter Sprache)
- Bei allem, was ihr tut, lasst euch von der Liebe leiten. (Hoffnung für alle)
- Egal was ihr macht, Hauptsache, euer Grundmotiv ist die Liebe. (Volxbibel)
- Do everything in love (New International Version)

- Let all your things be done with charity. (King James Version)
- Omnia vestra in caritate fiant. (Vulgata)

Alle Übersetzungen enthalten das „alles", „bei allem", „everything". Die *Volxbibel* verdeutscht: „egal was".

Der Imperativ des finiten Verbs wird unterschiedlich wiedergegeben. Mit der „Wunschform" des Konjunktivs („geschehe") arbeiten nur *Einheitsübersetzung, Elberfelder* und *Zürcher.* Etwas verschärft – „es soll geschehen/bestimmt sein" – formulieren *Basisbibel, Neues Leben, Das Buch* und *Gute Nachricht.* Mit der Umschreibung „lasst euch" arbeitet, die *Neue Genfer, Hoffnung für alle* und die *King James Version,* ganz ähnlich auch *Luther 2017.* Den direkten Imperativ in der 2. Plural „tut" wählt die *Bibel in gerechter Sprache* und die *New International Version.* Der griechische Text hatte 3. Singular: „Alle Dinge/Alles soll … geschehen."

Die Liebe, die das inhaltliche Zentrum der Jahreslosung ausmacht, wird von acht der fünfzehn Übersetzungen mit „in" eingeleitet.[4] Damit wird die Art und Weise, wie Dinge geschehen sollen, ausgedrückt im Sinne von: „Alle Dinge sollen liebevoll geschehen". Die Verantwortung liegt bei den Adressaten des Briefes. Inhaltlich gleich ist das „mit" einzuschätzen, das die *Bibel in gerechter Sprache* wählt. Ähnlich drückt es die *Volxbibel* aus, wenn sie betont, das „Grundmotiv" unseres Handelns solle die Liebe sein.

---

4 *Einheitsübersetzung, Zürcher, Basisbibel, Neues Leben, Das Buch, Luther 2017, Elberfelder New International Version, Vulgata.*

Spannend sind die Varianten, das Handeln solle „von der Liebe" bestimmt oder geleitet sein, wie es die *Gute Nachricht*, die *Neue Genfer* und die *Hoffnung für alle* ausdrücken. Die Liebe ist hier nicht nur Ausdruck der „Art und Weise" unseres Handelns, sondern eher eine eigenständige Größe, die – wenn ihr Raum gegeben wird – das Verhalten inhaltlich verändert.

Auffällig ist, dass die *King James Version* und die *Vulgata* die Liebe mit „charity" bzw. „caritate" übersetzen. Damit wird die Liebe in der Jahreslosung als „caritative Zuwendung", als „Wohltätigkeit" oder eben „christliche Nächstenliebe" verstanden. Dadurch wird sie eindeutig zu einem Motiv des Handelns der Gemeindeglieder. Unser Handeln im Sinne der Jahreslosung wäre dann besonders als Zuwendung gegenüber den Bedürftigen zu verstehen. Das ist sicher nicht falsch! Vielleicht ist es aber eine Verkürzung dessen, was ἐν ἀγάπῃ| (in / durch / mit Liebe) insgesamt bedeutet.

3. Der wichtige Zusammenhang von 1 Kor 16,13+14

Es liegt in der Natur der Sache, dass „Losungen" kurz sind und i. d. R. einen Vers oder hin und wieder nur den Teil eines Verses umfassen. Ich vermute, Paulus und andere, die biblische Texte verfasst haben, würden über diese Reduktion staunen.

Natürlich liegt zunächst die Stärke einer Losung in genau dieser Kürze und der dadurch erzielten Prägnanz. Die Gefahr der Kürze liegt aber darin, dass der engere und weitere Zusammenhang der biblischen Bücher nicht wahrgenommen wird. Es ist möglich, einen Bibelvers isoliert zu betrachten. Seinen eigentlichen Sinn bekommt er i. d. R. aber erst durch den jeweiligen Kontext / Gedankengang im Kapitel oder auch im größeren Zusammenhang des biblischen Buches.[5] Wenn wir Verse radikal isolieren, ohne auf den jeweiligen Kontext zu achten, wird die Gefahr der willkürlichen Auslegung deutlich höher.

In den Versen 5-12 hatte Paulus von seinen Reiseplänen berichtet. Mit Vers 13 beginnt dann der letzte Abschnitt des Briefes, den die Lutherbibel mit „Ermahnungen und Grüße" überschreibt.

Der Vers 13 sollte zumindest gedanklich zur Jahreslosung hinzugenommen werden! Er stellt auch für die Verkündigung einen im Grunde unverzichtbaren Zusammenhang zur Jahreslosung dar. Mit diesem Vers beginnt die Reihe der Ermahnungen, von der unsere Jahreslosung dann die Fortsetzung ist. Vers 13 enthält vier klare Imperative: „Wachet, steht im Glauben, seid mutig und seid stark!"[6] (Luther 2017).

Paulus ist sprachlich und sachlich in seinem Impuls sehr eindeutig.

---

5   „Manche Predigt würde anders aussehen, wenn sie aus dem Wissen entstanden wäre um das, was vorher und danach kommt." Karl Barth, Homiletik. Wesen und Vorbereitung der Predigt, Zürich [3]1986, S. 79.

6   Γρηγορεῖτε, στήκετε ἐν τῇ πίστει, ἀνδρίζεσθε(κραταιοῦσθε. Der vorletzte Imperativ wird von der Lutherbibel mit „seid mutig" übersetzt. Wörtlich würde das Wort eher „seid mannhaft" heißen. In diesem Zusammenhang können natürlich auch Frauen „mannhaft", das meint „mutig", sein. Insofern ist die Lutherübersetzung hier sehr zutreffend.

Wachet! Nicht schläfrig, nicht oberflächlich sein, sondern mit angespannten Sinnen wachsam und aufmerksam sein – das wird gefordert. Die Situation der Gemeinde lässt es nicht zu, in einen gemütlichen Trott zu verfallen. Die Rahmenbedingungen einer teils belächelten, teils bekämpften Minderheitenkirche erlaubt ihren Gliedern keine Schläfrigkeit, sie sollen bereit sein, zur rechten Zeit das rechte Wort und die rechte Tat zu tun.

Steht im Glauben! Mit dem „Stehen" ist hier sicher keine Unbeweglichkeit gemeint.[7] Paulus geht es eher um ein Verwurzeltsein, darum im Glauben gegründet zu sein. Anfechtungen, Krisen, Turbulenzen gleich welcher Art sollen die Glaubenden nicht umwerfen, damit der Glaube nicht gefährdet wird. Kann man das machen? Ist dieser Imperativ sinnvoll? Es ist doch vielmehr so, dass mein Glaube nicht meine Leistung, sondern letztlich ein Getragenwerden von Gott selbst ist. Paulus weiß das, wenn er z. B. in 1 Kor 12,9 den Glauben als Gabe des Heiligen Geistes benennt. Und schon Jesus hatte Petrus zugesagt: *Ich habe für dich gebetet, dass dein Glaube nicht aufhöre.* (Lk 22,32). Wenn Paulus hier dazu auffordert, „im Glauben zu stehen", dann höre ich daraus die Ermutigung, das zu tun, was ich tun kann, nämlich wachsam sein und den geschenkten Glauben nicht lässig und oberflächlich handhaben, sondern ihn in der Gemeinde zu pflegen, ihn mit anderen zu teilen und dadurch im Glauben sprachfähig und verwurzelt zu sein und zu bleiben.

---

7   Mein theologischer Lehrer, Fritz Gaiser, ärgerte sich regelmäßig, wenn ältere Glaubensmenschen davon sprachen, dass sie „in der Nachfolge stünden". Er meinte dann, in der Nachfolge dürfe man nicht „stehen", man solle sich „bewegen".

Seid mutig und seid stark! Die beiden letzten Imperative können gut zusammengenommen werden. Sie verstärken die ersten beiden Aufforderungen. Wer wachsam ist und im Glauben verwurzelt, der kann nun auch mutig und stark sein, der kann dem Glauben in Wort und Tat Ausdruck verleihen. Das benötigt – zumal in einer Minderheitensituation – Mut und Stärke. Diese Stärke wird dabei immer die Stärke Gottes sein, die auch in den Schwachen mächtig ist (2 Kor 12,9)!

Ich hatte gesagt, Vers 13 sei möglichst zur Jahreslosung hinzuzunehmen. Zu Beginn hatte ich zur eigentlichen Jahreslosung bemerkt, dass hier keine direkte Aufforderung vorliege. Der Imperativ der Jahreslosung steht nicht in der 2. Singular („Du sollst") oder der 2. Plural („Ihr sollt"). Paulus weitet aus: „Alles soll …" Ich hatte die Frage gestellt, was mit dieser Formulierung des Paulus über die Verantwortung der Leserinnen und Leser ausgesagt wird, dass die Liebe zum Maßstab des Lebens und Handelns wird.

Vers 13 enthält vier Imperative, die sich direkt an die Leserinnen und Leser wenden. Sie werden aufgefordert, wachsam, feststehend, mutig und stark zu sein. In Vers 14 wird diese Reihe einerseits fortgesetzt, andererseits sprachlich verändert. Alles soll in / durch / mit Liebe geschehen. Wir müssen uns entscheiden, ob diese Formulierung nur eine sprachliche Variante zu „ihr sollt lieben" ist. Oder erkennen wir die Liebe als Wesensart Gottes[8], die uns und unser Leben und Handeln umfasst und überhaupt erst er-

---

8   Gott ist Liebe; und wer in der Liebe bleibt, der bleibt in Gott und Gott in ihm. (1 Joh 4,16)

möglicht? Wenn die Alternative lautet: „Du sollst lieben" oder „Erkenne und bejahe immer wieder, dass dich die Liebe Gottes umgibt", dann entscheide ich mich gerne für die zweite Variante. Das heißt nicht, dass die Gläubigen passiv würden. Es unterstreicht aber, dass unsere Liebesfähigkeit und Liebesaktion (vgl. Gal 5,6) – und damit die Zielrichtung der Jahreslosung – stets von der Liebe Gottes getragen bleibt. „Alles, was ihr tut, soll durch die Liebe oder von der Liebe (Gottes) bestimmt sein", (*Gute Nachricht, Neue Genfer, Hoffnung für alle*) scheint mir deswegen die passende Übersetzung der Jahreslosung zu sein. In unserer Auslegung ist daher nicht die menschliche Möglichkeit und Leistung, sondern die göttliche Ermöglichung das Zentrum, das all unseren Handlungen stets vorausgeht.

4. Die Verbindung von 1 Kor 15+16

Wenn wir den Kontext eines Bibelwortes in den Blick nehmen, dann sollte dieser Blick auch ein wenig weiter gefasst werden. Das lange Kapitel 15 des 1. Korintherbriefes ist bekannt als Auferstehungskapitel. Paulus erinnert die Gemeinde an das Urevangelium von Tod und Auferstehung Jesu. Er benennt die Zeugen des Auferstandenen und setzt sich dann mit den Kritikern der Auferstehungshoffnung auseinander. Paulus macht deutlich: Er hat seine ganze Existenz auf diese eine Karte gesetzt. Nur wenn – oder besser weil – Jesus auferstanden ist, sind sein Dienst und unser Glaube sinnvoll. Wäre Jesus nicht auferstanden, würden auch wir ohne Hoffnung auf Auferstehung leben.

Dann wären wir „die elendesten unter allen Menschen", weil wir unsere Lebenspriorität an diesem Evangelium vom gekreuzigten und auferstandenen Christus ausrichten. Nach Ausführungen über den vergänglichen und den unvergänglichen Leib – Sätze, die wir als Bekenntnis unserer Zuversicht bei der Beerdigung am offenen Grab sprechen –, kommt Paulus am Schluss geradezu hymnisch auf den Sieg Gottes und unseren Auftrag zu sprechen:

„Gott aber sei Dank, der uns den Sieg gibt, durch unseren Herrn Jesus Christus! Darum, meine lieben Schwestern und Brüder, seid fest und unerschütterlich und nehmt immer mehr zu in dem Werk des Herrn, denn ihr wisst, dass eure Arbeit nicht vergeblich ist in dem Herrn."

Paulus setzt in den Schlussversen von 1 Kor 15 zwei bzw. drei inhaltliche Impulse:

a) Gott gibt uns den Sieg!

b) Wir können deshalb und sollen auch fest und unerschütterlich werden[9] und zunehmen im Werk des Herrn,

c) weil wir wissen, dass unsere Arbeit nicht vergeblich ist in dem Herrn.

Sind es zwei oder sind es drei Impulse? Es sind in der sprachlichen Reihenfolge drei. Inhaltlich scheinen es mir aber nur zwei zu sein. Gottes Handeln rahmt die Aufforderung in der Mitte. Sein Sieg ist die Voraussetzung. Das Wissen, dass unsere Arbeit nicht vergeblich ist in dem /

---

9   Im griechischen Text findet sich nur ein Imperativ: „werdet". Diesem sind die Adjektive „fest" und „unerschütterlich" zugeordnet. Das „Zunehmen" ist als Partizip dem Imperativ beigeordnet.

durch den[10] Herrn, hängt an diesem Sieg. Der Indikativ des Sieges und der Gegenwart unseres Gottes, geht dem Imperativ voran und er schließt ihn von hinten ein.

Diese Beobachtung aus den Schlussversen von 1 Kor 15 hilft uns auch in der Deutung der Jahreslosung in 1 Kor 16. An beiden Stellen haben wir es mit Imperativen mit Aufforderungen zu tun. In 1 Kor 15 ist der Imperativ von den Zusagen Gottes umrahmt. In 1 Kor 16 werden die Imperative von V. 13 und 14 durch die Liebe aufgefangen. Diese Liebe kann nur deshalb unsere Liebe sein, weil sie eingehüllt ist in die Liebe Gottes in Jesus Christus zu dieser Welt, zu seiner Gemeinde und zu jedem Einzelnen. Meine freie Übersetzung der Jahreslosung lautet deshalb:

All euer Sein und Tun darf, kann und soll sich im Liebesraum Gottes ereignen.

---

10   Hier steht im Griechischen „ἐν κυρίῳ", in den Übersetzungen i.d.R. neutral mit „in dem Herrn" übersetzt. Die Präposition kann aber – wie oben schon gesehen – genauso gut mit „durch den Herrn" übersetzt werden, was m.E. treffender ist. Ob wir gewährleisten können, dass unser Werk im Herrn nicht vergeblich ist, scheint mir sehr unsicher. Dass aber unser Werk durch den Herrn nicht vergeblich ist, das scheint gewiss. Er gibt den Sieg und er lässt unser Werk gelingen.

WIE GOTT MIR, SO ICH DIR

Neutestamentliche Aspekte zum Thema „Liebe"

Volker A. Lehnert

Die Sache mit der Liebe ist ambivalent. Geliebt werden, das fällt uns leicht, Selberlieben dagegen weniger. „All you need is love", sangen die Beatles einst und seitdem sind Love-songs allgegenwärtig. Angesprochen wird meist unser unersättliches Bedürfnis nach Liebe, vornehmlich in emotionaler Hinsicht. Unterbelichtet bleibt unsere Liebesfähigkeit als Haltung, die ich anderen entgegenzubringen bereit bin. Hier liegt die entscheidende Ursache für misslingende Beziehungen. In das Vakuum fehlender Liebe dringen Schuldzuschreibung, Vorwurf (Gen 3,12) und Neid (Gen 4,5) ein. Grund genug für Gott, in dieser Welt ein Liebesaufbauprogramm zu starten, indem Er seine eigenen Gedanken (Jer 29,11; Joh 1,1) und sein eigenes Wesen (1 Joh 4,16) in Person erscheinen ließ (Joh 1,14; 1 Joh 4,9), um, nicht zuletzt auch durch Resonanzeffekte, unser ‚steinernes' Herz zu vermenschlichen (Jer 31,31). Ein Blick auf einige einschlägige Texte des Neuen Testaments[11] zeigt, worum es geht:

---

11   Zum Thema Liebe (gr. *Agape*) im Neuen Testament vgl. vor allem den entsprechenden Artikel von M. Tilly und T. Söding in: Theologisches Begriffslexikon zum Neuen Testament, hg. v. L. Coenen und K. Haacker, 1. Sonderauflage, Wuppertal/Neukirchen-Vluyn 2005, S. 1318-1326.

Als Jesus gefragt wurde, welches Gebot der Thora das höchste sei, antwortete er:

Das höchste Gebot ist das: „Höre, Israel, der Herr, unser Gott, ist der Herr allein und du sollst den Herrn, deinen Gott, lieben von ganzem Herzen, von ganzer Seele, mit ganzem Verstand[12] und mit all deiner Kraft" [Dtn 6,4-5]. Das andere ist dies: „Du sollst deinen Nächsten lieben wie dich selbst" [Lev 19,18]. Es ist kein anderes Gebot größer als diese (Mk 12,29-31).

Was sofort ins Auge springt: Liebe erscheint als Gebot. Diese Liebe wird somit nicht in erster Linie von Serotoninausschüttungen gesteuert und stellt keinen euphorischen Rausch getriggert von körpereigenen Drogen dar, wie er etwa im Zustand des Verliebtseins auftritt, sondern trägt den Charakter einer ich-gesteuerten Haltung. Liebe ist eine bewusst gewählte Einstellung gegenüber Gott, meinem Nächsten und mir selbst und zwar unabhängig davon, ob meine aktuelle Gefühlslage dem entspricht oder nicht. Zwar werden Herz und Seele einbezogen, aber sie sind nicht Auslöser, sondern Multiplikatoren von Liebe. Auslöser ist Gottes Weisung: ‚Höre, du sollst lieben'. Analytisch könnte man sagen: Gott richtet sich weder an das Es (Religion als Bedürfnis) noch an das Über-Ich (Religion als Moral), sondern an das Ich (Religion als Haltung). Transaktionsanalytisch: Liebe im biblischen Sinne ist weder eine Angelegenheit des Kindheits-Ichs (Lieber Gott, mach mich fromm...) noch des Eltern-Ichs (Glaub, was Du gelernt

---

12   Luther übersetzte hier „Gemüt". Aber dieses Wort trifft heute nicht mehr den Sinn des griechischen Textes, der von Verstand oder Einsicht spricht.

hast), sondern des Erwachsenen-Ichs (Ich will, dass es Dir gut geht) und beschreibt somit die Kunst konstruktiver Beziehungspflege. Reife Liebe ist weder infantil noch neurotisch, sondern stellt eine Lebensäußerung des mündigen Menschen dar. Wäre es anders, könnte sie überhaupt nicht *geboten* werden.

Die *Liebe zu Gott* agiert Glauben als Vertrauenshaltung aus. Das griechische Wort für ‚glauben‘, ‚pisteuein‘, bedeutet auch eher vertrauen als glauben. Frei nach *Erik Erikson* könnte man die Entwicklung des Glaubens als Transfer des Urvertrauens von den Eltern auf den transzendenten Grund der Wirklichkeit beschreiben. Das betrifft das Herz. Die menschliche Autonomie betreffend impliziert die Liebe zu Gott allerdings die Selbstbescheidung. Wir sind eben nicht das Maß aller Dinge und unsere Selbst*Herr*lichkeit findet ihre Begrenzung an der *Herr*lichkeit Gottes. Wie gut täte es der Menschheit, diese Wahrheit wieder zu akzeptieren!

Die *Liebe zum Nächsten* findet ihren Anknüpfungspunkt an dessen Not. Lukas legt in seiner berühmten Erzählung vom barmherzigen Samariter das Liebesgebot narrativ aus (Lk 10,25-37). Diese findet ihre Pointe darin, dass es keine Legitimation von Lieblosigkeit durch kategorischen Vorwegausschluss von Nicht-Nächsten gibt. Hinter der Frage *„Wer ist mein Nächster?"* steht ja in Wahrheit unser kleingeistiges Herz und das Bestreben, von Gott legitimierte Relativierungen des Liebesgebotes zu erhalten. Aber Jesus macht hier keine Kompromisse. Mein Nächster bzw. meine Nächste begegnen mir dort, wo mir Not begegnet. Unmissverständlich wird dies im Gleichnis vom großen

Weltgericht zum Ausdruck gebracht. *‚Wann haben wir Dich besucht und gekleidet?‘*, fragen die Jünger. Als ihr euch *‚um die Geringsten gekümmert habt, da habt ihr es an mir getan‘* (Mt 25,40), antwortet Jesus. *Jürgen Moltmann* hat auf Grund dieses Zusammenhangs die Hilfe an notleidenden Menschen zu den Kennzeichen der wahren Kirche gezählt. Christus ist nicht allein in Wort und Sakrament gegenwärtig, die unseren Glauben erfordern, sondern auch im Angesicht der Hilfsbedürftigen, die unserer Liebe bedürfen.[13]

Die *Liebe zu sich selbst* hat in der Geschichte christlicher Ethik ein bedauerliches Schicksal erlitten. Schon der Kirchenvater *Augustinus* hatte sie in seiner Auslegung des Liebesgebotes unter den Tisch fallen lassen. Begründung: Die Liebe zu sich selbst sei als Gestalt der Selbstbezogenheit Ausdruck der Sünde. Die Folgen waren psychologisch fatal. Wenn wir uns selbst nicht lieben dürfen, müssen wir uns dann hassen, ablehnen, ignorieren oder was? Vor vielen Jahren schrieb *Christian Schwarz* sinngemäß: „Wer sich selbst nicht liebt, ist ein Egoist, denn er wird andere dazu nutzen, dass diese durch ihre Zuwendung die fehlende Selbstliebe kompensieren". Heute würden wir sagen, fehlende Selbstannahme führt zum verzweifelten Versuch, ständig narzisstische Zufuhr durch andere zu erlangen. Somit ist, wer sich selbst nicht liebt, unfrei, gefangen in der ständigen Suche nach Anerkennung. Nur wer sich selbst liebt, ist frei, frei dafür, andere zu lieben, weil er sich nicht ständig selbst Thema ist. Gesunde ‚Selbstverleugnung‘

---

13   *Jürgen Moltmann*, Kirche in der Kraft des Geistes. Ein Beitrag zur messianischen Ekklesiologie, München 1975, S. 145ff.

(Mk 8,34) ist also in Wahrheit nichts anderes als die Kehrseite gesunder ‚Selbstliebe‘ (Mk 12,31).

Das Johannesevangelium nimmt diesen Faden der Verkündigung Jesu auf und führt ihn weiter. Zitiert Jesus in Mk 12 die Thora als das tradierte Gebot, so bezeichnet der sogenannte ‚johanneische‘ Christus das Liebesgebot als ein ‚neues Gebot‘:

Ein neues Gebot gebe ich euch, dass ihr euch untereinander lieb, wie ich euch geliebt habe, damit auch ihr einander lieb habt. Daran wird jedermann erkennen, dass ihr meine Jünger seid, wenn ihr Liebe untereinander habt. (Joh 13,34-35; vgl. 15,12)

Jesus verkündigt dieses im Rahmen der Abschiedsreden. Das neue Gebot der Liebe wird zum letzte Willen des Sohnes Gottes, der sich anschickt, die sichtbare Welt in Kürze zu verlassen. Das Liebesgebot stellt somit einen Teil seines Testamentes dar. Wenn er etwas in dieser Welt hinterlassen will, dann ist es eine neue menschliche Liebesfähigkeit. Der Vollzug von Liebe wird auf diese Weise zum Erkennungszeichen christlicher Existenz. Jesus hinterlässt einen ethischen Fußabdruck, eine Loipe der Liebe. In seinen *Spuren* sollen wir wandeln (vgl. 1 Petr 2,21).

Der Erkennungscharakter der Liebe stellt aber nur einen Aspekt dar, der übrigens gegenüber den Synoptikern so neu gar nicht ist, wie etwa Mt 7,16 zeigt. Entscheidender ist die *Quelle* der Liebe: „… *wie ich euch geliebt habe*“. Diese besteht für Johannes nicht in der Selbstliebe, sondern in der Liebe Gottes zu uns. Hatte Markus uns aufgefordert, Gott zu lieben, so fordert Johannes uns auf, uns von Gott lieben zu lassen, *aus* der Liebe Gottes zu leben. Dem menschlichen Herzen wird somit nicht nur Liebe aufgetragen, sondern es wird zugleich erneuert, damit es überhaupt lieben kann. Metaphorisch gesprochen: Wir lieben andere Menschen nicht mit dem zusammengekratzten Rest der Liebesfähigkeit des alten Adam, sondern wir lieben andere Menschen, indem wir die Fülle der Liebe Gottes durch uns hindurchfließen lassen. Gott selber vollzieht seine Liebe durch uns. Oder mit dem Bild vom Weinstock: Er ist der Weinstock, wir sind die Reben. Die *Power of Love* fließt aus Gott (vgl. 15,5.9).

Die Johannesbriefe konzentrieren diesen Gedanken:

Darin besteht die Liebe: nicht dass wir Gott geliebt haben, sondern dass er uns geliebt hat ... (1 Joh 4,10). *Gott ist Liebe; und wer in der Liebe bleibt, der bleibt in Gott und Gott in ihm* (4,16). *Lasst uns lieben, denn er hat uns zuerst geliebt* (4,19).

Und: *Die Liebe ist von Gott, und wer liebt, der ist aus Gott geboren und kennt Gott* (4,7).

Martin Luther hat Gott einmal als ‚glühenden Backofen voller Liebe‘ bezeichnet. Darin sollten wir die kleinen Brötchen unseres Lebens backen.

Fehlt noch ein wichtiger Zeuge des Neuen Testaments: der Apostel *Paulus*. Er benutzt eine andere Sprache als die Evangelisten, kommt aber in der Sache zu identischen Erkenntnissen.

Zunächst bezeichnet er das Liebesgebot als Zusammenfassung der Thora:

Was da ... an Geboten ist, das wird in diesem Wort zusammengefasst: „Du sollst deinen Nächsten lieben wie dich selbst“. Die Liebe tut dem Nächsten nichts Böses. So ist nun die Liebe des Gesetzes Erfüllung (Röm 13,9.10; vgl. Gal 5,14).

Entsprechend ist der Glaube in der *Liebe tätig* (Gal 5,6). Auch bei Paulus ist somit das eigentliche Subjekt der Liebe Gott, der durch seinen Geist wirksam ist:

Denn die Liebe Gottes ist ausgegossen in unsere Herzen durch den Heiligen Geist, der uns gegeben ist (Röm 5,5; vgl. 2 Tim 1,7). Die Liebe ist eine *Frucht des Geistes* (Gal 5,22).

Unsere bisherigen Betrachtungen zeigen uns einen dialektischen Befund: Einerseits wird die Liebe geboten. Das Gebot begegnet als eine von außen auf uns zukommende Forderung. Wir sollen etwas tun, was ein Anderer will. Anderseits erscheint Gott selbst als Ermöglichungsgrund und Urheber der Liebe. Wenn wir lieben, lieben wir mit seiner Liebe, besser: liebt Er selbst durch uns. Und wiederum zeigen Liebende, wenn sie denn lieben, dass sie als selbst Liebende in Gott sind. Die Liebe Gottes realisiert sich also zugleich als Anspruch *und* Zuspruch, als Forderung *und* Ermöglichung der Erfüllung der Forderung. Die Forderung gehört theologisch zum Gesetz, die Ermöglichung ihrer Erfüllung zum Evangelium. Gott fordert *und* schenkt die Kraft der Erfüllung. Somit wird uns Liebe im doppelten Sinne *geboten*.

Den großartigsten Text zum Thema Liebe im Neuen Testament finden wir in 1 Kor 13, dem sogenannten Hohelied der Liebe, nach wie vor zitiert bei nahezu jeder kirchlichen Trauung:

Die Liebe ist langmütig und freundlich, die Liebe eifert nicht, die Liebe treibt nicht Mutwillen, sie bläht sich nicht auf, sie verhält sich nicht ungehörig, sie sucht nicht das Ihre, sie lässt sich nicht erbittern, sie rechnet das Böse nicht zu ... Nun aber bleiben Glaube, Hoffnung, Liebe, diese drei; aber die Liebe ist die größte unter ihnen (1 Kor 13,1ff.13).

Über diesen Text könnte man ganze Bücher verfassen. Hier sind nur vier kurze Hinweise möglich:

Erstens: Diese Worte des Paulus schließen an den Kontext 1 Kor 12 an, in dem es um die Koordination der mannigfachen Gaben in der Gemeinde geht. Welche Gabe, welche Begabung – heute würden wir sagen: welche Kompetenz – in der Gemeinde ist die hochwertigste? Darüber gab es Streit damals in Korinth. Paulus sagt: Keine! Der edelste Weg (12,31) ist die Liebe, die Fähigkeit, Unterschiedliches komplementär aufeinander zu beziehen. Nur das schafft Gemeinschaft, nur das baut Gemeinde auf.

Zweitens: Die Liebe wird hier so hoch idealisiert, dass *Karl Barth* sich veranlasst sah, hinter dem Begriff Liebe, gr. *Agape*, Christus selbst zu sehen. Er erträgt, er duldet, er rechnet nicht zu usw. Aber nach dem oben Gesagten stellt dies gar keine echte Alternative dar, denn wenn sich wahre Liebe durch Gottes Wirken in uns realisiert, der Heilige Geist aber niemand anderes ist als der auferstandene gegenwärtige Christus, dann sind unsere gelingende Liebe und der in uns handelnde Christus de facto identisch.

Drittens: Für Irritation sorgte immer schon das vierfache ‚alles‘ in V. 7. Kann Paulus ernsthaft gemeint haben, Liebe *„glaubt alles“*? Welchen Sinn sollte ein solche Aussage ergeben? Hierzu muss man wissen, dass das griechische Wort *„panta"* (= alles) im Akkusativ Plural auch adverbial (= allezeit oder immer) aufgefasst werden kann. Dann wäre zu übersetzen: *„Liebe erträgt stets, Liebe hält stets fest am Glauben, allezeit hofft sie, allezeit duldet sie."*

Viertens: „Nun aber bleiben Glaube, Hoffnung, Liebe, diese drei; aber die Liebe ist die größte unter ihnen." (V.13)

In der Tat ist Paulus hier der Auffassung, dass die Liebe ‚die Größte‘ ist, größer sogar als der Glaube, eine für reformatorische Christenmenschen eher ungewöhnliche Aussage. Liebe größer als Glaube!? Wieviel konfessorische Streitigkeiten wären der Christenheit erspart geblieben, hätte sie dieses Wort einfach nur beherzigt! Wieviel Auseinandersetzungen und Entzweiungen zwischen Eheleuten könnten vermieden werden, wenn beide der Liebe die Priorität gäben! Oder besser: Wenn beide lieben würden, anstatt durch Rechthaberei Entfremdung zu fördern, könnten sich unterschiedliche religiöse oder anderweitige Auffassungen niemals spaltend auswirken. Liebe ist der edelste Weg (1 Kor 12,31). In 1 Joh 4,16 wird sie sogar mit Gott identifiziert.

Wie realisiert sich ‚Liebe‘?
a) Im ‚Sich-von-Gott-geliebt-Glauben‘

Wenn Gott nicht nur Liebe ‚hat‘, sondern Liebe ‚ist‘ (1 Joh 4,16; Eph 2,4), dann berührt uns auf dem Gebiet der Liebe nicht nur ein Gebot Gottes, sondern dann berührt uns Gott selbst. Eindrücklich setzt Johannes dies in seiner Erzählung von Nathanael in Szene (Joh 1,43-51). Philippus weist seinen Freund Nathanael darauf hin, dass er dem Messias begegnet sei. Nathanael ist skeptisch und äußert sich unwillig. Jesus aber blickt ihn an und sagt zu ihm: *„Siehe, ein rechter Israelit, in dem kein Falsch ist.“* (V. 47) Seltsam, nicht wahr? Nathanael meckert, Jesus aber betrachtet ihn als vollkommen! Das ist die Liebe Gottes in Aktion! Gott sieht uns eben gerade nicht an, wie wir sind, sondern wie wir sein sollen, besser: Wie wir aus seiner Perspektive bereits sind: als neue Geschöpfe! (2 Kor 5,17). Christus, der offenbare Gott höchstpersönlich, strahlt uns mit Liebe an. Aus seinen Worten, aus seinen Blicken, aus seinen Taten, aus seinem Herzen flutet Gott uns mit seiner Liebe, d.h. mit sich selbst. Indem wir Jesus Glauben schenken, indem wir ihm vertrauen, implementiert der Geist Gottes einen unerschöpflichen Liebesstrom in unseren Herzen. Das ist das große Thema der Kirche! Und darin besteht das Lebenselixier der Menschen!

b) In der effektiven Anwendung des Getauft-Seins

Dies alles allein in Gedanken zu befürworten macht uns allerdings noch nicht zu liebenden Menschen. Dazu müssen wir die ‚Liebe anziehen', wie die Briefe an die Epheser und Kolosser es metaphorisch zum Ausdruck bringen: *„Über alles zieht an die Liebe, die da ist das Band der Vollkommenheit!"* (Kol 3,14) An anderer Stelle heißt es, wir sollen *„den neuen Menschen anziehen."* (Eph 4,24) Wieder finden wir, wie in 1 Kor 13, die geheimnisvolle Identität zwischen Christus und der Liebe. IHN haben wir in unserer Taufe angezogen, symbolisiert durch das weiße Taufkleid. Wir tragen seine Gerechtigkeit an unserem Leib, weil er selbst in uns eingegangen ist und in uns lebt (Gal 2,20). Es geht also in der Liebe um nicht weniger als um die effektive Anwendung unseres Getauft-Seins. Christus selbst gewinnt im Vollzug von Liebe in unserem Leben Gestalt. Seinem Bild sollen wir gleich werden (vgl. Röm 8,29). Eph 2,10 spitzt es sprachlich zu: *„Denn wir sind sein Werk, geschaffen in Christus Jesus zu guten Werken, die Gott zuvor bereitet hat, dass wir* *darin wandeln sollen.*" Damit ist nicht weniger gesagt als: Sämtliche Liebeswerke, die zu tun Gott von uns erwartet, sind unsichtbar bereits vorhanden. Er hat sie längst zur Realisation durch uns vorbereitet. Wir brauchen uns nur in ihnen zu bewegen!

c) In einer neuen Haltung zum Nächsten

Die Haltung der Liebe beschreibt Paulus schlicht, aber unmissverständlich:

„In Demut achte einer den anderen höher als sich selbst und ein jeder sehe nicht auf das Seine, sondern auch auf das, was dem andern dient." (Phil 2,3-4) Muss man eigentlich nicht erläutern, muss man einfach tun.

d) In der Ethik des ‚Einander'

Gerhard Lohfink hat gezeigt, wie das Neue Testament den biblischen Liebesbegriff durch das unscheinbare griechische Wörtchen ‚allelon' = ‚einander' auslegt:[14]

Mit Ehrerbietung einander zuvorkommen (Röm 12,10), *Einmütigkeit untereinander suchen* (Röm 12,16), *einander annehmen* (Röm 15,7), *einander Lasten tragen* (Gal 6,2), *einander in Demut begegnen* (1 Petr 5,5), *reicher werden in der Liebe untereinander* (1 Thess 3,12), *einander anspornen zur Liebe* (Hebr 10,24) usw.

In der Praxis des Miteinander und des Füreinander besteht die Praxis der Liebe. In dieser Hinsicht gibt es nichts Gutes, außer man tut es.

---

14 *Gerhard Lohfink*, Wie hat Jesus Gemeinde gewollt? Zur gesellschaftlichen Dimension des christlichen Glaubens, Freiburg, Basel, Wien 1982, S. 116ff.

e) Im Verzicht auf Richtgeist

Christus warnt eindrücklich vor dem chronischen Richtgeist der Menschen. Es geht darum, vor lauter Fixiertheit auf den *‚Splitter im Auge des anderen'* den *‚Balken im eigenen Auge'* nicht zu übersehen (vgl. Mt 7,1-5). Beherzigen wir dies, wird der Raum der Liebe zur vorwurfsfreien Zone.

f) In der Vergebungsbereitschaft

Liebe ist bereit, *„sieben mal siebzigmal"* zu vergeben (Mt 18,22). Und umgekehrt: Wer liebt, der zeigt darin, dass ihm viel vergeben worden ist (vgl. Lk 7,47). Insofern deckt die Liebe *„der Sünden Menge"* (Sprüche 10, 12; vgl. 1 Petr 4,8).

g) In der Feindesliebe

Die wohl höchste Form der Liebe besteht in der sogenannten Feindesliebe (vgl. Mt 5,43-48). Überflüssig zu betonen, dass hier menschliche emotionale Möglichkeiten relativ schnell an ihre natürlichen Grenzen stoßen. Aber notwendig hervorzuheben, dass es sich hier um die Liebe handelt, mit der Christus bereit war zu lieben, gewaltlos bis zu seinem Tod am Kreuz. Die einzige Möglichkeit, Gewalt in dieser Welt zu überwinden, besteht darin, keine anzuwenden. Aus Sicht des Glaubens erfordert dies letztlich die Bereitschaft zum Martyrium. Aber die Ethik Gottes gehört ja auch *„nicht zu dieser Welt"* (vgl. Joh 18,36), sondern ist Vorschein seines Reiches, in dem keine Gewalt mehr existieren wird (vgl. Offb 21,4). Menschen, die Jesus vertrauen, haben dort

Bürgerrecht (vgl. Phil 3,20) und repräsentieren die dort geltende Hauptmaxime bereits jetzt. Sein Wille geschehe! Liebe realisiert sich somit in der Haltung: Wie Gott mir, so ich dir!

„DIE LIEBE GEHÖRT MIR WIE DER GLAUBE"

Eine Erinnerung an Johann Hinrich Wichern

Michael Klein

Mit Johann Hinrich Wichern begegnen wir dem Zentral-
gestirn der protestantischen Diakonie im 19. Jahrhundert
und wahrscheinlich noch darüber hinaus. Wichern ist es
wie keinem Zweiten in seiner Zeit gelungen, breite kirchliche Kreise dafür empfänglich und erst einmal darauf aufmerksam zu machen, dass die christliche Liebestätigkeit
eine, wie es dann später heißt, „Lebens- und Wesensäu-
ßerung" der Kirche ist. Wichern hatte ein ganz besonders
ausgeprägtes Organisationstalent, verbunden mit einer
warmherzigen Liebe zu den Armen und Benachteiligten,
so dass ihn der Diakoniehistoriker Erich Beyreuther zu
Recht als „Genie der Barmherzigkeit" bezeichnet.[15]

Wichern wurde am 21. April 1808 in Hamburg als erstes
von sechs Kindern der Familie geboren. Mit dem frühen
Tod des Vaters 1823 war der bescheidene Wohlstand dahin, und Wichern musste für die Versorgung der Familie
mit aufkommen. Dies tat er durch das Erteilen von Kla-
vierunterricht in Hamburgs begüterten Familien, die oft

---

15 Vgl. Erich Beyreuther, Geschichte der Diakonie und Inneren Mission in
der Neuzeit, Berlin 1962.

39

der Erweckungsbewegung angehörten. In diesem Zusammenhang trat Wichern dann auch eine Stelle an einer christlichen Erziehungsanstalt an, die von diesen Kreisen getragen wurde. Von dorther ermöglichte man ihm nach dem nachgeholten Abitur durch ein Stipendium das Studium der Theologie 1828 in Göttingen aufzunehmen. 1830 ging Wichern nach Berlin, wo er besonders durch den Erweckungstheologen August Neander beeinflusst wurde. Zudem lernte er hier die Armenbeschäftigungsanstalt des Barons Ernst von Kottwitz kennen. 1832 legte er sein theologisches Examen ab und trat als Kandidat der Theologie in der Funktion eines Oberlehrers eine Stelle in der Sonntagsschule des Hamburger Pastors Georg Rautenberg an. Dieser hatte den Sonntagsschulgedanken aus England übernommen. Hier wurden Kinder, deren Eltern sich das Schulgeld nicht leisten konnten, sonntags in den Elementarfächern und der biblischen Geschichte unterrichtet. Begleitet wurde dieses Unternehmen durch eine Besuchsdienstarbeit, da man sich klar darüber wurde, dass die sonntäglich punktuelle Tätigkeit bei vielen Kindern sprichwörtlich vergebliche Liebesmüh sei, da die Schwerkraft der prekären Verhältnisse die Kinder immer wieder hinabzog. Über seine Erfahrungen veröffentlichte Wichern eine aufrüttelnde Schrift mit dem Titel „Hamburgs wahres und geheimes Volksleben".

Immer deutlicher wurde ihm dabei, dass die Verhältnisse der armen Kinder von Grund auf neugestaltet werden mussten. Er orientierte sich dafür an der Rettungshausbewegung, wie sie durch Graf Adalbert von der Recke-Volmarstein in Düsselthal bekannt geworden war.

Wichern gelang es, Hamburgs führende Kreise für sein Vorhaben auch und gerade finanziell zu gewinnen, und am 31. Oktober 1833 wurde das „Rauhe Haus" in Hamburg-Horn eröffnet. Der Name rührte von einer alten Försterei her und hatte nichts mit dem Charakter der Anstalt zu tun. Es handelte sich um ein vollständig offenes Haus, das keinerlei Zwangscharakter für die Kinder hatte. Mit der Zeit entstand hier ein ganzes Dorf mit zahlreichen handwerklichen Betrieben sowie einer Landwirtschaft, in der die Kinder – Jungen wie Mädchen – eine Ausbildung fanden. Hier sollten sie neben der beruflichen Seite auch in ein lebendiges Glaubensverhältnis zu Jesus Christus finden. Die Arbeit geschah dabei in Familiengruppen, denen jeweils ein junger Erwachsener, von den Kindern bald „Bruder" genannt, vorstand. Mit der Konfirmation wurden die Kinder in die Berufstätigkeit entlassen. Sie hielten aber weiterhin Kontakt mit dem Rauhen Haus, bis sie eine eigene Familie gründeten.

Um die umfangreiche Arbeit zu bewältigen, entwarf Wichern den Plan, eine Anstalt zu gründen, in der die „Brüder" ausgebildet wurden. Die nötigen Kosten wurden durch einen ebenfalls gegründeten Verlag eingespielt. So entstand die sog. „Brüderanstalt" mit der bald in die Hunderte gehenden Bruderschaft des Rauhen Hauses, deren Tätigkeitsfelder sich schnell weit über das Rauhe Haus weltweit ausdehnen sollten – eine Wurzel des heutigen Diakonenamtes.

1842 hatte Wichern eine Druckerei gegründet, in der mit den „Fliegenden Blättern aus dem Rauhen Hause" *die* sozialdiakonische Zeitschrift des deutschen Protestantismus herauskam. Wichern begnügte sich nicht mit Informationen aus der Arbeit allein des Rauhen Hauses, sondern er nahm ganz Deutschland und das Ausland, ggf. sogar Übersee, in den Blick. Auf oft 400 eng bedruckten Seiten entwickelte Wichern eine wirkmächtige kaleidoskopartige Gesamtschau aller diakonischen Arbeit. Dies wird z. B. am Jahrgang 1869 deutlich. Da gibt es die verschiedensten Artikel zu folgenden einzelnen Sparten: 1. allgemeine Artikel, 2. übersichtliche Darstellungen aus dem Gebiet der Inneren Mission, 3. kirchliche und soziale Notstände, 4. amtliche und kirchenamtliche Tätigkeit für die Innere Mission, 5. Bildungsanstalten für Arbeiter der Inneren Mission, 6. die Evangelischen außerhalb Deutschland, europäische und transatlantische Diaspora, 7. Schiffsmission und Fürsorge für die Auswanderer, 8. Verbreitung der Bibel, Bibel- und Traktatgesellschaften, Reisepredigt, Kolportage, 9. Armenweser und Krankenpfleger, 10. Hospitäler und Asyl, 11. Waisenhäuser, Bewahranstalten, 12. Rettungshäuser und Verwandtes, 13. Lehrlings-, Gesellen-, Jünglingsvereine, Herbergen und dgl., 14. Fürsorge für die erwachsene weibliche Jugend, Mägdeanstalten und dgl. mehr, 15. Branntwein- und Enthaltsamkeitssache, 16. Arbeitersache, Genossenschaftswesen und Sparsachen, 17. Gefängniswesen, Verein für Gefangene und entlassene Sträflinge, 18. Dorf- und Stadtmission, 19. zur weiblichen Diakonie, 20. Sonntagsfeier, 21. Gesamtvereine für Innere Mission, 22. Versammlungen für Innere Mission, Jahresfeste und dgl. mehr, 23. Christliche Kunst, 24. Volksschriftwesen, Bibliotheken, 25. Biographisches und Nekrologisches, 26. Vermischtes, 27. Literatur der Inneren Mission, 28. in

42

Sachen des Central-Ausschusses, 29. in Sachen des Rauhen Hauses.

Auf Dauer konnte Wicherns Tätigkeit nicht auf das Rauhe Haus beschränkt bleiben. Eine Lebenswendung ergab sich für ihn im Zusammenhang mit der Märzrevolution 1848. Die durch die Revolution verursachten Veränderungen erschütterten das evangelische Deutschland und auch Wichern. Damals kamen protestantische Honoratioren im September des Jahres in Wittenberg zusammen, um über die Auswirkungen dieser Ereignisse auf die evangelische Kirche in Deutschland zu diskutieren und zu überlegen, ob nicht eine Nationalkirche gegründet werden solle. Wichern, der vorher schon in Kontakt zu den hochkonservativen Kreisen Preußens um König Friedrich Wilhelm IV. gekommen war, nahm an diesem Kirchentag teil. Mit einigen Mühen gelang es ihm, ein Rederecht zu bekommen. Sein Vortrag stellte alles in den Schatten, was man bis dahin gehört hatte. In einer mitreißenden Rede stellte Wichern die soziale Situation der Menschen in Deutschland dar, die er mit einem Feuerwerk an Fakten unterlegte, um zu dem Schuss zu kommen: „Eines ist nötig, das die evangelische Kirche in ihrer Gesamtheit anerkenne: Die Liebe gehört mir wie der Glaube!" Der Kirchentag hatte sein Thema gefunden. Ein „Central-Ausschuss" für Innere Mission wurde ins Leben gerufen und Wichern mit der Abfassung einer Denkschrift beauftragt.

Diese auf 366 eng bedruckten Seiten niedergelegte Denkschrift von 1849 stellte dann die „Magna Charta" der Inneren Mission dar. Wichern entwickelte den Gedanken, dass die revolutionären Umtriebe und die Gefahr des Kommunismus nur gebannt werden können, wenn es zu einer umfassenden *inneren* Mission des in seinen Augen nur äußerlich christlichen Deutschland komme. Dazu zähle als Mittel zum Zweck auch die sozialdiakonische Arbeit. In einem großen bunten Strauß umriss Wichern die Tätigkeitsfelder und die dazugehörigen Initiativen, die hier wirksam werden sollten und z. T. auch schon wirksam waren.

Erstens: Auf staatlichem Gebiet sollte das Gefängniswesen reformiert werden.

Zweitens: In der Kirche ging es z. B. um Bibelgesellschaften. Sie sollten die Bibel, auch die Bibelverbreitung steigern. Hausgottesdienste sollten gefeiert werden, auch in Betrieben. Lesepläne für das Bibelstudium galt es zu erarbeiten. Bibelstunden mussten stattfinden. Christliche Verlage entstanden. Es sollten christliche Bibliotheken geschaffen werden. Traktatgesellschaften konnten christliche Kleinliteratur unters Volk bringen. Religiöse Zeitschriften sollten entstehen. Einzelne Berufsbilder wurden sogar geschaffen, nämlich Kolporteure, die mit Bibeln, Traktaten und Büchern ausgesandt wurden, um mit den Menschen sozusagen „vor Ort" ins Gespräch zu kommen. Darüber hinaus gab es Reise- und Straßenprediger, die nicht in Konkurrenz zu den Kirchengemeinden treten sollten. Vielmehr ging es darum, dass jene diese stärkten. In sozialen Brennpunktgebieten, wie wir heute sagen würden, konnten Hilfsprediger, also Kandidaten der Theologie, einen sinnvollen Dienst leisten, besonders wenn hier auch neue Gebetsstätten eingerichtet wurden. Das Problem dieser Zeit war nicht die Frage „Wie gehen wir mit überzähligen Kirchen um?", sondern, „Wie können wir weitere Kirchen bauen?" Besonders wichtig war für Wichern aber die Aufgabe der Stadtmission. Hier sollten sich die verschiedenen disparaten Kräfte, die schon da waren, vereinen und vernetzten. Es sollte zu Distriktvereinen kommen, und dann sollte nach besonderer Aufgabenstellung Folgendes vorgenommen werden: Besuchsdienste, Kontaktleute, Frauenhilfsvereine, Überwachung des Schulbesuchs, Strafentlassenen-Fürsorge, Förderung der Enthaltsamkeitsvereine, Verbreitung guter Literatur, Hilfe bei der Erziehung, Vorgehen gegen wilde Ehen, gegen Bettelei, gegen Spielgeschäfte und gegen Prostitution, Gründung von Asylen für gefallene Mädchen, Gesellenheime, Sparkassen, Familienandachten und Einladung zum Gottesdienst. Und so wurde für Wichern aus der Kirche der Reformation eine „Kirche der Regeneration".

Drittens wurde die Innere Mission auf dem allgemeinen sittlichen Gebiete genannt. Hier hatte er drei Punkte, die er besonders herausgehoben hat. Erstens der Kampf gegen die Prostitution: Hier ging es besonders um Fürsorge für die Dienstmädchen, die vom Lande kommend in der Stadt dann oft völlig auf sich allein gestellt waren. Hier sollten, wenn es eben möglich war, christliche Frauen sozusagen über die Mädchen eine Art Patenverhältnis entwickeln. Zweitens die „Lesesucht": Damit meinte Wichern seichte Literatur – wir würden heute vielleicht Groschenromane sagen – die von vielen Menschen verschlungen wurden, und demgegenüber setzte er „vielmehr das volkstümlich gesunde, belehrende, erfreuende und unterhaltende Wort, das auch dann schon dem Zwecke der Inneren Mission entspricht, wenn es nur nicht wider das Evangelium ist".

Drittens der Alkoholismus: Mit wenigen Worten machte Wichern hier noch einmal deutlich, wie wichtig die Aufgabe der Enthaltsamkeitsvereine war. Dieses Problem war so evident und bekannt, dass er hier gar nicht viele Worte verlieren musste. Dabei ging es ihm nicht nur um Sozialarbeit, sondern auch die begüterten Kreise, deren Wohlstand oft nur die seelische Zerrüttung übertüncht, wurden in den Blick genommen: eine umfassende Innere Mission eben.

Einen weiteren Arbeitsschwerpunkt entwickelte Wichern mit der Gefängnisreform, die sich der Begegnung 1850 mit dem preußischen König Friedrich Wilhelm IV. verdankte. Wichern war schon als Student auf die Arbeit des Gefängnisreformers Heinrich Julius aufmerksam geworden. Dieser sprach sich entschieden für die Einzelhaft aus, um die Gefangenen dem Einfluss ihrer Mitgefangenen zu entziehen und um auf sie besser sittlich einzuwirken. Wichern fand im König einen entschiedenen Förderer. Er sollte mit der Reorganisation des Gefängnisses in Berlin-Moabit beginnen. Zugleich erhielten die Brüder aus dem Rauhen Haus die Anstellungsfähigkeit für den Gefängnisdienst. Wichern unternahm eine ausgedehnte Gefängnis-Inspektionsreise durch das Königreich. Doch die Bürokratie zeigte sich hartnäckig sperrig. Erst 1857 konnte Wichern in den preußischen Staatsdienst treten. Damals erkrankte jedoch Friedrich Wilhelm IV. schwer und schied bald aus der aktiven Politik aus. Im Zusammenhang von Haushaltsberatungen wurden die vermeintlichen pietistischen Bestrebungen der Brüder aus dem Rauhen Hause problematisiert, und Wichern gelang es nicht, die Vorwürfe erfolgreich zurückzuweisen. Nach einem jahrelangen Kampf musste Wichern aufgeben. Der staatliche Vertrag mit den Brüdern des Rauhen Hauses wurde nicht verlängert.

1854 bat man ihn, ein Gutachten über die Frage ‚Diakonie und Diakonat' zu erstellen. Wie bei Wichern üblich, wurde dieses Gutachten eine umfängliche Schrift, die tief in die Vergangenheit hinabstieg, um sozusagen Diakonie und den Diakonat in seinen ganzen historischen Dimensionen auszumessen. Diese Schrift ist insofern von besonderem Interesse, weil sie die theoretische Grundlegung der Diakonie zeigt, wie Wichern sie verstanden hat. Dabei wird zunächst einmal deutlich, dass für ihn Diakonie gegenüber Innerer Mission der engere Begriff war. Denn Innere Mission ist der Versuch, die Masse der Getauften auch zum Glauben zu führen, während eben Diakonie „lediglich" die Armenpflege bedeutet. Wichern unterschied dann in dieser Schrift drei Formen der Diakonie: 1. die freie, 2. die kirchliche und 3. die bürgerliche Diakonie. Er konnte hier auch von einem dreifachen diakonischen Amt sprechen. Wie ist das im Einzelnen zu verstehen? Wir haben es hier mit einer Vorwegnahme des Subsidiaritätsprinzips zu tun. Christen oder christliche Familien bzw. Gruppen sind zunächst einmal dazu berufen, in freier Arbeit den Dienst der Liebe auszuüben da, wo er seine Aufgaben findet. Dieser eher spontanen Arbeit steht die vorhandene christliche Liebestätigkeit an jedem Ort, in jeder Kirchengemeinde, also im Diakonat der Gemeinde, gegenüber. Das ist die zweite Art der Diakonie, die kirchliche Diakonie. Diese kirchliche Diakonie ist wiederum Scharnierstelle hin von den Einzelaktionen freier, spontaner, privater Diakonie zum politischen Gemeinwesen, dem natürlich es zufällt, die institutionellen, die gesetzlichen und die infrastrukturellen Rahmen, Ordnungen und überhaupt Bedingungen dafür zu schaffen, dass eine öffentliche Armenpflege erfolgt. Wir sehen also hier ein im Einzelnen aufeinander abgestimmtes Tätigsein der Diakonie in ihren verschiedenen Funktionen. In einem weiteren Abschnitt widmete sich Wichern der Frage, wie die kirchliche Diakonie und der Diakonat von der Bibel her zu begründen sei. Wichern forderte ein eigenes Diakonenamt mit einer eigenen Ordination. Er konnte sich damit jedoch nicht durchsetzen.

Zu den Erfolgen in dieser Zeit gehört es, dass es Wichern gelang, ein zweites Brüderhaus in Berlin zu gründen: das Johannesstift, das seit 1910 bis heute seinen Sitz im Spandauer Forst hat. Das Johannes-Stift sollte für die Gebiete der Gefängnisarbeit, besonders auch an Strafentlassenen, und der Krankenpflege tätig sein. Auch hier hatte Wichern wie zuvor in Hamburg nun in Berlin die führenden Kreise für seine Idee gewonnen. 1858 konnte das Johannes-Stift, damals noch in Moabit, eröffnet werden.

Ein weiteres Tätigkeitsfeld eröffnete sich Wichern mit dem Preußisch-Dänischen Krieg 1864 um Schleswig. Nach wenigen Tagen schon brach der patriotisch engagierte Wichern mit zwölf Brüdern an die Front auf, um zu helfen. Die Brüder trugen damals die Binde des Roten Kreuzes, dass 1862 durch Henri Dunant nach der Schlacht von Solferino begründet worden war.[16] Im Krieg zwischen Preußen und Österreich 1866 wiederholte Wichern seinen Einsatz. Da allerdings nicht genügend Brüder für die Arbeit abgestellt werden konnten, erließ Wichern einen Aufruf zur „Felddiakonie". Der Aufruf fand einen überwältigenden Widerhall. Wichern selbst, der gesundheitlich angegriffen war, konnte jedoch nicht mehr persönlich mitwirken. Im Deutsch-Französischen Krieg 1870/71 Krieg wiederholte Wichern den Aufruf. 360 Felddiakone konnten abgestellt werden, die sich um deutsche und französische Soldaten kümmerten.

Inzwischen durch einen schweren Schlaganfall körperlich geschwächt, wandte sich Wichern der Situation der Industrie- und Landarbeiter zu. Zu beiden Themenkomplexen führte er 1870 Konferenzen durch. Eine eigene Zeitschrift „Concordia" entstand. Sie bestand jedoch nur einige Jahrgänge. Es war auch ein Zeichen dafür, dass die Innere Mission der sozialen Frage innerhalb der Industrie- und Landarbeiter keine hohe Aufmerksamkeit zuwandte, bzw. diese Problematik mit ihren Mitteln nicht zu lösen verstand. Diese Aufgabe sollte später der Evangelisch-Soziale Kongress übernehmen.

Ein letztes Mal engagierte sich Wichern auf der sog. Oktoberversammlung 1871 in dieser Angelegenheit. Diese Konferenz zeigte jedoch auch, dass Wichern den Zenit seiner Wirksamkeit überschritten hatte. Inzwischen war nach dem gewonnenen Deutsch-Französischen Krieg das

---

16 Die Geschichte von Henri Dunant findet sich beispielsweise für Kinder aufbereitet in: Susanne Roll, Leo, Neukirchen-Vluyn 2022.

Deutsche Kaiserreich begründet worden. Wieder stellte sich wie 1848 die Frage der Gründung einer deutschen Nationalkirche, und wieder konnte Wichern zur sozialen Frage sprechen. Doch der gesundheitlich stark angeschlagene Mann drang mit seiner Stimme kaum noch durch und konnte die Versammlung auch nicht aufrütteln. Seiner Kritik am Sozialismus der SPD, aber auch der ausufernden Börsenspekulation der Begüterten stellte er das Leitbild eines „christlichen Sozialismus" gegenüber, der von einem stark patriarchalischen Gestus geprägt war, wenn sowohl Fabrik- wie auch Gutsherren das Vorbild des sorgenden Familienvaters anempfohlen wurde.

Es ist in dieser Darstellung des Lebens und Werkes von Johann Hinrich Wichern deutlich geworden, welches unglaubliche Arbeitspensum dieser Mann bewältigt hat. Seit dem Eintritt in den preußischen Staatsdienst übte er gleichzeitig vier Berufe aus: die (teilweise) Leitung des Rauhen Hauses, die Arbeit als vortragender Rat im Ministerium, die Tätigkeit als Oberkonsistorialrat in der Kirchenbehörde und schließlich seit 1858 die Präsidentschaft im Zentralausschuss für Innere Mission. Das war auch für Wicherns Gesundheit eine enorme Belastung. 1866 kam es zu einem ersten schweren gesundheitlichen Zusammenbruch. Bald danach zu einem Schlaganfall. Wichern erholte sich jedoch und nahm die Arbeit wieder ganz auf. Seit 1871 war er dann auch wieder in vollem Umfange in die Arbeit des Rauhen Hauses eingebunden. Gleichzeitig hatte sich die gesundheitliche Lage nicht verbessert und es war auch wieder zu einem Schlaganfall gekommen. 1873 wurde sein Sohn Johannes stellvertretender Vorsitzender des Verwaltungsrates und später auch sein Nachfolger im Rauhen Haus. Aus den Berliner Ämtern zog Wichern sich mehr und mehr zurück. 1873 konnte das 40jährige Stiftungsjubiläum gefeiert werden, das natürlich auch eine große Erfolgsgeschichte war. Am Ostersonntag 1874 erlitt Wichern dann abermals einen Schlaganfall. Die körperlichen Symptome bildeten sich etwas zurück, aber an eine Fortführung seiner Tätigkeit war nicht mehr zu denken. Wichern wurde aus dem preußischen Staatsdienst nun auch formal entlassen. Die Arbeit im Rauhen Haus musste er abgeben. Eine schwere Leidenszeit begann. Wichern war es kaum noch möglich, etwas zu tun. Da er allerdings noch lesen konnte und auch ein wenig schreiben, schrieb er noch einmal sein Lieblingsevangelium, das Johannesevangelium, ab. Bald gehorchten aber weder der Körper noch der Geist seinem Herrn. Nach fünfjährigem Kampf, in dem Körper und Geist völlig verfallen waren, starb Wichern am 7. April 1881. Am 11. April 1881 wurde Wichern unter großer öffentlicher Anteilnahme beigesetzt. Auch der kaiserliche Hofprediger sprach. Auf Wicherns Grabstein wurde sein Wahlspruch gesetzt: „Unser Glaube ist der Sieg, der die Welt überwunden hat." (1 Joh 5,4)

Thematische Anknüpfungen

MEDITATION ZUM ZUM TITELBILD VON INGE HEINICKE-BALDAUF UND ZUR JAHRESLOSUNG

Johannes Beer

Auf den ersten Blick

Eine kräftige rote Farbe bestimmt das Bild von Inge Heinicke-Baldauf zur Jahreslosung 2024. Sie schiebt sich von oben und unten ins Bild und deckt in ihrem Randbereich zum Teil einige Formen ab, sodass der Eindruck entsteht, dass diese hinter dem Rot zu verschwinden drohen. In der Mitte des Bildes ist auf sehr hellem, beigem Grund ein Kopf im Profil zu erkennen. Flächig als Schattenriss ist er in dunkler Farbe auf das Bild gesetzt. Allerdings sind der Stirnbereich, die Nase und ein wenig Kinn, Lippen und der Bereich des Wangenknochens aufgehellt. Die Haare sind durch eine Struktur aus kleinen dunklen Flächen und hellen Linien, die in der Hintergrundfarbe gehalten sind, angedeutet. Der Kopf ist leicht in den hellen Bereich vorgestreckt. Es könnte gut der Kopf einer jüngeren Frau sein, aber eindeutig ist das nicht. Vor dem Gesicht schweben dunkle runde Formen. Einige weitere finden sich unter dem Kopf und auch im Bereich der Haare. Vor allem aber fallen die Herzen auf, die mit schwarzen oder roten Linien auf das Bild gemalt sind. Eines steht vor der Stirn, aber die meisten umschwirren wie Schmetterlinge den Bereich der Haare, also den Bereich des Gehirnes und des Rückenmarkes.

Erste Assoziationen

Rot ist natürlich, neben allen anderen Bedeutungen, vor allem die Farbe der Liebe. Auch die Herzen stehen selbstverständlich für die Liebe. So ist dieser Kopf von der Liebe umgeben. Ebenso der Eindruck der flatternden Schmetterlinge deutet doch auf die Liebe hin. Schließlich kennen wir alle als Bild für das Verliebtsein, für die gefühlte Liebe den Ausdruck „da hat jemand Schmetterlinge im Bauch.". Und wenn nun auf diesem Bild die Herzen wie Schmetterlinge nicht im Bauch sind, sondern den Hinterkopf umschwirren, könnte das zeigen, wie sehr all die Gedanken dieses Menschen von der Liebe geprägt sind. Wir erwarten geradezu, dass gegenüber des Gesichtes jemand oder etwas ist, das diese Liebe auslöst. Wir erwarten, dass das Gesicht zum Menschen oder Objekt seiner Liebe schaut. Aber da ist nichts auf dem Bild dargestellt. Der Blick, die Zuwendung des Gesichtes geht über den Bildrand hinaus.

Der biblische Kontext

Die Jahreslosung 2024 stammt aus dem Schlussteil des ersten Briefes des Paulus an die Korinther.

Paulus kennt die Gemeinde in Korinth. Er hat sie während seiner zweiten Missionsreise gegründet, als er eineinhalb Jahre in der Stadt lebte. Und er blieb ihr stets sehr verbunden und hielt, soweit es damals möglich war, den Kontakt. Vielleicht war schon ein anderes Schreiben, das uns nicht überliefert ist, diesem Brief vorausgegangen. Anlass dieses Briefes jetzt ist, dass Reisende, die Paulus in Ephesus besuchen, aus der Gemeinde in Korinth Grüße überbringen und Berichte geben über das, was in der Gemeinde aktuell passiert. Auch haben sie einige konkrete Fragen im Gepäck. Sie wollen die Meinung des Gemeindegründers und großen Apostels zu konkreten Fragen des christlichen Lebens einholen.

Aber in der Gemeinde in Korinth läuft keineswegs alles gut oder auch nur glatt. Es gibt Verwerfungen und Spaltungen unter den Gemeindegliedern. Es gibt rivalisierende Gruppen und eine ganze Reihe von Missständen. Es geschieht in dieser Gemeinde und durch die Gemeindeglieder in Korinth keineswegs alles in Liebe.

Und zu all dem nimmt Paulus nun in seinem Brief Stellung. Er lobt die Gaben in der Gemeinde und ermahnt, die Spaltungen zu überwinden. Er betont die unverrückbaren Grundlagen des christlichen Glaubens in Kreuz und Auferstehung und wendet sich gegen Überheblichkeit und Missstände des Gemeindelebens und der Gottesdienstpraxis. Er nimmt Stellung zur Ehe und zur Sexualmoral. Und immer wieder fordert er die liebende Rücksichtnahme auf die Schwächeren im Glauben. Und im Zusammenhang der Gaben des Heiligen Geistes schreibt er gar ein ganzes Kapitel über die Liebe.

Am Schluss des Briefes schreibt Paulus über seine Reisepläne und die Sendung von Timotheus. Und dann beginnt er seine abschließenden Ermahnungen mit: „Wachet, steht im Glauben, seid mutig und seid stark! Alle eure Dinge lasst in der Liebe geschehen!" (1 Kor 16,13.14) Damit fasst er alle seine Aufforderungen und Ermahnungen, die sich im Brief finden, zusammen.

Das Hohelied der Liebe

Selbst wer wenig über die Bibel weiß und kaum etwas daraus wiedergeben kann, kennt doch oft das Hohelied der Liebe aus dem Korintherbrief. Wir hören es immer wieder gerne. Bei Trauungen wird es oft gelesen. Viele Anlässe schmückt es. Und selbst bei den Beisetzungsfeierlichkeiten verfehlt der Text nicht seine Wirkung. Da steht mitten im Korintherbrief ein ganzes Kapitel über die Liebe. Wie schön und anrührend. Was für eine beeindruckende Liebeslyrik. Soll in dieser Liebe alles geschehen?

Sehen wir also in diesem Kopf auf dem Bild von Inge Heinicke-Baldauf zur Jahreslosung 2024 einen liebenden Menschen, der sich für andere engagiert, der alles, was er tut, in dieser Liebe des Hohelieds geschehen lässt?

Die Liebe des Paulus

Auch Paulus muss, als er den 1. Korintherbrief, als er dieses Kapitel schrieb, voller Liebe gewesen sein, so mag man vermuten. Die Schriftstellerin Susanne Krahe führt es uns in ihrem Paulusroman „Das riskierte Ich"[17] vor Augen, wie Paulus zum ersten Mal in seinem Leben, spät zwar, aber gründlich, in eine Dame verliebt war, wie er voller Wonne an diesem Kapitel drechselte. Wie er, seiner heimlichen Liebe nachsteigend, die Verse dieses Kapitels entwarf. „Die Liebe ist die größte." Die Liebe lässt sich diesem Kapitel abspüren. Die Liebe kreiste in immer neuen Gedanken in seinem Kopf, wie die Herzen auf diesem Bild um den Kopf schwirren.

Gut, das Gesicht auf diesem Bild kann nach unserer Vorstellung nicht Paulus darstellen, da der immer einen Bart hatte. Aber kann es vielleicht das Gesicht der Dame sein, der die Liebe des Paulus gilt, die nun ihrerseits Schmetterlinge im Bauch hat und deren Gedanken voller Liebe zu Paulus sind? Das ist eine schöne Vorstellung, aber leider geben die biblischen Quellen so gar keinen Hinweis auf eine besondere Liebe des Paulus, die einem anderen Menschen galt. Und erst recht wissen wir nichts über einen Menschen, dessen besondere Liebe Paulus galt.

Die Liebe Gottes

So müssen wir beim genaueren Lesen des Korintherbriefes und dieses besonderen berühmten Kapitels feststellen, dass Paulus hier erst einmal nichts von der Liebe

---

17   Susanne Krahe, Das riskierte Ich. Paulus aus Tarsus. Ein biografischer Roman, München 1991.

zwischen zwei Menschen schreibt. Er schreibt nichts von der menschlichen Liebe, nichts vom Verliebtsein, nichts von der gegenseitigen liebenden Zuwendung. Sondern er schreibt von der Liebe Gottes und der Liebe zu Gott. Diese Liebe prägt ihn. Diese Liebe ist im gesamten Korintherbrief und in diesem Kapitel zu spüren. Diese Liebe klingt in jedem Vers durch. Denn zuerst war die Liebe Gottes da. Zuerst hat Gott die Menschen geliebt. Zuerst hat Gott uns geliebt. Und nur durch diese Liebe ist unsere Liebe überhaupt möglich.

Aber schauen wir einmal genauer hin. Gott liebt uns. Das behauptet der Apostel Paulus, und es ist an vielen Stellen nachweisbar. Gott hat die Menschen geschaffen. Wir sind Teil seiner Schöpfung und Gott selbst fand die Schöpfung gut. Damit ist Gottes Handeln aber keineswegs zu Ende. Gott verlässt die Schöpfung nicht, um sie sich selbst zu überlassen, sondern er läuft den Menschen nach. Ihn interessieren die Menschen und deren Wohlergehen. Er liebt die Menschen, so dass er sich beständig um sie kümmert. Er läuft ihnen nach, obwohl sie sich immer wieder von Gott abwenden.

So können wir in diesem Gesicht auf dem Bild natürlich Gott wiederfinden. Seine Gedanken sind von Liebe geprägt, so dass die Herzen um ihn herum schweben. Seine Aura ist das Rot der Liebe, die uns Menschen gilt.

Die Liebe Gottes in seinem Sohn

Am deutlichsten wird die Liebe Gottes in Jesus Christus. In ihm kam Gott ganz direkt in diese Welt. Er ging zu den Ausgestoßenen und zu denen am Rande der Gesellschaft. Er hat mit ihnen gesprochen und gegessen. Er ging zu den Kranken und hat sie getröstet und geheilt. Er ging zu allen geliebten Menschen und hat ihnen gepredigt. Er hat ihnen von Gottes Liebe erzählt. Und er ist aus Liebe zu den Menschen ans Kreuz gegangen. Für sich hatte er diesen Weg nicht nötig, aber er wollte die Kluft zwischen den Menschen und Gottes Liebe überwinden. Er wollte aus Liebe alles wegnehmen, was uns von Gott trennt. Er wollte in der Gottesferne für uns die Nähe zur Liebe Gottes wiederherstellen. Gottes Liebe geht in seinem Sohn Jesus Christus bis zur Selbstaufopferung. Gottes Liebe ist unendlich groß.

Und weil selbst das noch nicht reicht, geht Gottes Liebe über den Tod hinaus. Gott liebt seinen Sohn auch nach dem Tod. Er tut dies aber nicht so, wie wir über den Tod hinaus lieben. Wir lieben eine Erinnerung, die immer mehr verblasst und schließlich, spätestens mit uns selbst, stirbt. Gott liebt vielmehr mit einer Liebe, die neues Leben schafft. Es ist wiederum eine schöpferische Liebe. Auch dieser Schöpfungsakt der Auferstehung geschieht aus Liebe. Gott liebt seinen Sohn und rettet ihn vom Tod. Gott liebt die Menschen und rettet sie durch das Sterben seines Sohnes und sein Auferstehen vom ewigen Tod. Ja, alle Gnade und Sündenvergebung, alle Rettung vom ewigen Tod ist reine Liebe.

An diese Liebe Gottes können wir glauben. Wir können sicher sein, dass es sie gibt. Wir dürfen davon ausgehen, dass Gott liebt. Wir dürfen sicher sein, dass er uns liebt, dass seine Liebe uns gilt.

Aus dieser Liebe heraus wächst unsere Hoffnung, wächst die lebendige Hoffnung auf unsere Zukunft. Dann hoffen wir auf Gott und sein Handeln. Dann hoffen wir auf Jesus und sein Kommen. Dann hoffen wir auf das Reich Gottes, das in der Liebe begann und dereinst vollendet sein wird.

So können wir jetzt noch viel stärker in diesem Gesicht auf dem Bild Gott wiederfinden. Seine Gedanken sind von der unendlichen Liebe geprägt, so dass die Herzen um ihn herum schweben. Seine Aura ist das Rot der Liebe, die uns Menschen auch über den Tod hinaus gilt.

Und die Liebe der Menschen zu Gott?

Gott liebt die Menschen. Wir hoffen es und glauben es. Und wir erwidern diese Liebe, wenn auch nur in einem schwachen Abglanz. Wir dürfen sie erwidern und sollen sie erwidern. Wir lieben Gott. Und das ist die Liebe, die Paulus prägt. Das ist die Liebe, die als Verliebtsein sich durch jeden Vers dieses Kapitels drängt. Das ist die Liebe des Paulus, die die innere Kraft dieses Kapitels ausmacht.

Zeigt das Gesicht auf dem Bild also uns, wie wir die Liebe Gottes erwidern? Schön wäre es, aber sind unsere Gedanken wirklich ganz von dieser Liebe durchdrungen? Sind wir in diesem Leben wirklich ganz von der roten Aura der Liebe umgeben?

Die Bibel zeigt uns in sehr vielen Geschichten, dass wir Menschen uns nie ganz auf Gott ausrichten können. Wir können seine Liebe nur unvollkommen erwidern. Kaum sind die Menschen auf der Welt, ignorieren sie Gottes Willen. Es wird vom Baum der Erkenntnis gegessen. Es geschieht ein Brudermord. Und so geht das weiter. Selbst die Jünger konnten sich nicht ganz mit ihrer liebenden Zuwendung auf Gott und seinen Sohn ausrichten. Jesus hat das gewusst. Judas hat er seinen Verrat und Petrus, den er mal als Glaubensfelsen und mal als Satan ansprach, seine Verleugnung vorhergesagt. Was würde er uns alles sagen müssen? Was müssen wir im Nachhinein immer wieder Gott im Sündenbekenntnis gestehen?

Wir würden uns gerne in dem Kopf in diesem Bild wiederfinden, aber wir wissen doch, dass unsere Gedanken nie ganz in Liebe auf Gott ausgerichtet sein können und unsere Liebe zu Gott nicht unsere Aura prägt. So zeigt uns dieser Kopf ein Idealbild, das wir für uns anstreben.

Und die Liebe der Menschen zum Nächsten?

Gott erwartet von den Menschen nicht nur, dass sie ihn, sondern auch, dass wir uns untereinander lieben, wie er uns liebt. Gott erwartet eine bedingungslose Liebe. Eine Liebe, die den anderen Menschen annimmt, so wie er ist. Paulus sagt das an mehreren Stellen sehr deutlich. Und er beschreibt in eben diesem dreizehnten Kapitel des 1. Korintherbriefs in unübertroffener Weise diese Liebe: „Die Liebe ist geduldig. Gütig ist sie, die Liebe. Die Liebe ereifert sich nicht. Sie prahlt nicht und spielt sich nicht auf. Sie ist nicht unverschämt. Sie sucht nicht den eigenen Vorteil. Sie ist nicht reizbar und trägt das Böse nicht nach. Sie freut sich nicht, wenn ein Unrecht geschieht. Sie freut sich aber, wenn die Wahrheit siegt. Sie erträgt alles. Sie glaubt alles. Sie hofft alles. Sie hält allem stand." (1 Kor 13,4-7; BasisBibel) So liebt Gott die Menschen. So sollen Menschen einander lieben.

Das ist ein hoher Anspruch. Dem können wir nie ganz gerecht werden. Und wenn wir uns in der Welt umschauen, dann sehen wir sofort, wo die Liebe nicht das Handeln bestimmt. Die Kriege und ihr unsägliches Leid stehen uns nicht nur durch den Krieg in der Ukraine vor Augen. Terror und Gewalt hinterlassen ihre lieblosen Spuren. Und auch wenn wir in unsere Stadt, in unseren Wohnort schauen, fallen uns sofort viele Beispiele für die Lieblosigkeit auf. Da gibt es Gewalt zwischen Menschen bis hin zum Mord. Da gibt es Diebstahl und Ausbeutung. Da kennen wir Streit zwischen Nachbarn und Diskriminierungen. Da fällt so manches böse Wort. Vom üblen Tratsch, der zur bösen Nachrede wird, ganz zu schweigen.

Traurig müssen wir feststellen, dass wir uns gerne in dem Kopf in diesem Bild wiederfänden, weil unser Tun immer an der Liebe ausgerichtet sein sollte. Aber wir wissen doch, dass unsere Werke, unsere Worte und unsere Gedanken nie ganz in Liebe auf den Nächsten oder die Nächste ausgerichtet sein können und unsere Aura nicht wirklich allein durch die Liebe geprägt ist. So zeigt uns dieser Kopf ein Idealbild, das wir für uns anstreben wollen.

Der Auftrag

Am Ende seines Briefes an die Korinther fasst Paulus alles, was er geschrieben hat, alle seine Aufforderungen und Ermahnungen, die sich im Brief finden, zusammen in dem einen Auftrag, der uns zur Losung für das Jahr 2024 geworden ist: „Alles, was ihr tut, geschehe in Liebe."

Dieser Auftrag gilt uns, obwohl wir doch gesehen haben, dass wir das trotz bestem Willen gar nicht wirklich können. Trotzdem muss es das Ziel bleiben, sich so untereinander zu lieben, wie Gott die Menschen liebt. Und nur weil Gott die Menschen so liebt, können überhaupt Menschen annähernd so lieben. Das gibt uns die Kraft und den notwendigen Rückhalt.

So sehen wir jetzt in dem Gesicht auf dem Bild von Inge Heinicke-Baldauf zur Jahreslosung 2024 Gottes Gesicht. Sein ganzes Denken und Wollen sind von der Liebe geprägt, was uns die Herzen, die seinen Kopf wie Schmetterlinge umschwirren, vor Augen führen. Seine Aura ist die rote Farbe der Liebe. Seine Liebe gilt uns.

Und wir sehen in diesem Gesicht den Auftrag an uns, uns diesem Ideal immer mehr anzunähern. Durch Gottes Liebe können die Herzen, die unsere Gedanken prägen, immer mehr werden, kann unsere Aura immer mehr die Farbe der Liebe annehmen. Wir versuchen, den Auftrag zu leben, Gott und den Nächsten zu lieben: „Alles, was ihr tut, geschehe in Liebe."

WIE MAN EIN KIND LIEBEN SOLL
Liebe in der Erziehung

Martina Walter-Krick

In jedem Kind
träumt Gott den Traum der Liebe.
In jedem Kind
wacht ein Stück Himmel auf.
In jedem Kind
blüht Hoffnung, wächst Zukunft.
In jedem Kind
wird unsere Erde neu.
(Walter Bärsch)

Die Jahreslosung spricht vom Umgang der Menschen miteinander und dieser Umgang soll in Liebe geschehen. Welche Auswirkungen hat das auf die Erziehung und Begleitung von Kindern und Jugendlichen?

„Unsere Kinder zu lieben heißt, sie zu sehen, wie Gott sie sieht."

Wir sprechen von elterlicher Liebe und gehen davon aus, dass Eltern ein positives Verhältnis zu ihren Kindern haben und für sie das Beste wollen. Wir wissen aber auch, dass diese elterliche Liebe nicht automatisch immer da ist. Es gibt Eltern, die ihre Kinder ablehnen oder nicht lieben können. Meist stehen eigene schlechte Erfahrungen und Erlebnisse im Weg.

Aber auch Eltern, die das Beste für ihre Kinder wollen, stehen immer wieder vor der Frage: Was ist gut? Was ist richtig? Was bewirkt ein Satz, eine Ermahnung, eine Ermutigung? Wie können wir unsere Kinder ausrüsten und ermutigen, Schritte in ihr Leben zu machen und das zu entfalten, was in ihnen steckt?

Die Jahreslosung sagt: „Alles, was ihr tut, geschehe in Liebe." Aber was bedeutet das für und in der Erziehung? „Mein Kind soll eine glückliche Kindheit haben und ein glücklicher Erwachsener werden." So sagen und hoffen viele Eltern. Und wieder stellt sich die Frage: Wann und wie ist eine Kindheit glücklich? Bedeutet dieser Anspruch, dass Eltern und andere erziehende Personen alle Sorgen, Ängste und Unbequemlichkeiten von den Kindern fernhalten, ihnen alle Schwierigkeiten aus dem Weg räumen und ihnen alle Wünsche erfüllen?

Dass Eltern ihre Kinder lieben, ist etwas Wunderbares, und man kann es jedem Kind nur wünschen, dass es genau das erfährt und erlebt.

ABER
Liebe wird oft falsch verstanden.

Wohlgemerkt: Es gibt ein Zuwenig an Liebe und Zuwendung, aber es gibt auch ein Zuviel. Dann sprechen wir von Verwöhnung, die sowohl materiell stattfindet, indem das Kind mit Geschenken, Material und Zuwendungen überschüttet wird. Verwöhnung kann aber auch immateriell stattfinden, indem ich dem Kind alle Problem abnehme, ihm alle Schwierigkeiten aus dem Weg räume, es vor allen Konflikten bewahre.

Das Kind wird in der jeweiligen Situation der Verwöhnung dankbar sein,
- weil ich ihm alles gebe, was es will.
- weil ich alles für das Kind tue – auch das was es selbst tun könnte.
- weil ich alles tue, um ihm Kummer, Auseinandersetzung, um Verzeihung bitten uvm. erspare.

Aber all das ist nicht unbedingt Liebe. Es sind Formen der Verwöhnung und diese haben zwar eine kurze positive Wirkung, aber auf längere Sicht macht diese Form der Erziehung das Kind nicht lebenstüchtig, sondern lässt das Kind eher hilflos und überfordert zurück.

Gleichzeitig aber stellen sich Fragen:
• Was brauchen die Kinder, damit sie spüren, dass sie liebevoll begleitet werden?

Seit langem weiß man, dass es für Kinder wichtig ist zu den Eltern eine emotionale Bindung aufzubauen. Dies geschieht in den ersten Lebensjahren, indem Eltern und Kinder Zeit miteinander verbringen und das Kind merkt: Hier ist es sicher. Mama und Papa (oder auch eine andere Bezugsperson) sind da und Garanten für meine Sicherheit. So kann das Kind leben und auf Entdeckungsreise in seiner Kinderwelt gehen.

Wenn diese emotionale Bindung nicht gelingt, sind Kinder auf Dauer verunsichert, fühlen sich unter Umständen eben nicht geliebt und stellen sich die Frage: „Was habe ich an mir oder was fehlt mir, dass sich meine Eltern so gar nicht um mich kümmern?"

- Wie erfahren Kinder, dass sie angenommen und geliebt sind?

Gemeinsam verbrachte Zeit, miteinander erzählen, sich für das Kind und seine Lebenswelt interessieren – das sind Situationen, in denen der „Liebestank" gefüllt wird. Dabei geht es nicht um Kontrolle oder um Lernsituationen oder um besondere Erlebnisse. Vielmehr geht es um das aufrichtige Interesse am Kind und das Erleben des Kindes: „Der andere ist gerne mit mir zusammen, d. h. ich bin wohl auch wichtig und wertvoll für mein Gegenüber." Es ist die schlichte und doch so existentiell wichtige Erkenntnis: „Ich bin angenommen und geliebt."

Kinder brauchen Liebe, die nicht an Bedingungen geknüpft ist (z. B. „Wenn du lieb bist, hab ich dich auch lieb"). Liebe ist bedingungslos. Das Kind muss erleben, dass es geliebt wird, weil es da ist und nicht weil es irgendwelche Erwartungen erfüllt.

Kinder brauchen Liebe, die sich in Worten, Taten und Haltungen zeigt. Sie brauchen Menschen, die sie lieben und achten, einfach weil sie da sind. Dabei geht es nicht darum, dass das Kind erst ein Ziel, ein Ideal erreichen muss, um geliebt zu werden. Liebe gilt dem IST-Zustand, nicht dem Ziel oder dem Ideal.

Dabei wird die Liebe vielleicht auch manchmal einem gehörigen Geduldstest unterzogen. Aber auch dieser „lange Atem" ist wichtig, damit ein Kind versteht, dass das grundsätzliche JA über meinem Leben nicht einfach zu einem Nein wird.

Liebe kennt die Vergebung, die einen Neuanfang ermöglicht.

Die Liebe zu unseren Kindern darf und muss auch manchmal kritisch und korrigierend sein. Denn Liebe nimmt den Anderen ernst und versucht zu verstehen, sich selbst verständlich zu machen und einen neuen Weg zu gehen. Auf dem Hintergrund der Liebe und dem Untergrund eines grundsätzlichen JA zu meiner Person sind auch Kritik, Korrektur, Ermahnung, Grenzziehung uvm. ein Zeichen der Liebe.

Liebe will schützen – deshalb braucht es auch Grenzen. Manchmal muss Widerstand ausgefochten werden, aber auch diese Grenzsetzung geschieht aus Liebe, und das kann ich dem Kind auch erklären, wenn ich selbst eine Erklärung habe.

Die Liebe nimmt das Kind ernst:
- in seinen Gedanken
- in seinen Fragen
- in seinen Grenzen
- in seinen Möglichkeiten
- in seinen Bedürfnissen

Die Liebe hält nicht fest, sondern gibt Freiheit. Liebe lässt sich nicht erzwingen, sondern sie darf und soll wachsen.

„Einen Menschen lieben heißt ihn so zu sehen, wie Gott ihn gemeint hat." (Fjodor Michailowitsch Dostojewski)

MITTEN IM ALLTAG – TATEN UND WORTE DER LIEBE GOTTES WEITERGEBEN

Jumpers – Jugend mit Perspektive

Thorsten Riewesell

Einigen Erzählungen nach wollte ich schon mit 6 Jahren auswandern. Ich hatte meinen kleinen Rucksack mit einer Salbe gegen Wespenstiche und einer Packung Pflaster gepackt. Ganz und gar bereit, nach Afrika zu gehen, um Albert Schweitzer bei seiner wertvollen Mission in Lambarene zu unterstützen. Ich hatte ja keine Ahnung, dass er schon längst verstorben war. Mich faszinierte wohl an Albert Schweitzer, dass er nicht nur von Jesus redete, sondern Tag für Tag und ganz praktisch als Arzt für die Menschen aktiv war. Nun, damals konnte mich meine Mutter noch am Türrahmen abfangen …

Später als Teenie waren es Menschen wie der Chinamissionar Hudson Taylor, der ebenfalls als Arzt und Verkündiger Wort und Tat des Glaubens zu verbinden suchte, die mich inspirierten. Ich fand es beeindruckend, wenn Menschen nicht nur von der Liebe Gottes redeten, sondern mit ganzem Herzen und großer Leidenschaft Gottes Liebe in dieser Welt lebten. Beides ist wichtig, beides gehört zusammen.

Menschen sollen ermutigt, getröstet, geheilt und gestärkt werden. Zugleich erfahren und hören sie die Botschaft von einem liebenden, leidenschaftlichen Gott, der sie sucht und für sie da ist.

Als wir Jumpers als kleinen Verein an unserem Wohnzimmertisch vor dreizehn Jahren gründeten, war es unsere starke Sehnsucht, Kindern und Familien aus sozial angespannten Verhältnissen in Deutschland nachhaltig zu helfen und sie einzuladen, Gottes Liebe kennenzulernen.

Auch nach dreizehn Jahren, mit mittlerweile zwölf christlichen Kinder- und Familienzentren von Sassnitz bis Offenbach, von Düsseldorf bis Gera und mit über siebzig angestellten Mitarbeitenden ist es weiterhin unsere Vision, unsere Sehnsucht. Wir möchten Gottes Liebe in Tat und Wort leben und verkündigen.

Ich liebe Krimi-Serien, wie CSI oder ähnliche, auch wenn das Schema oft ähnlich ist. Ein Verbrechen passiert, ein Mord oder Raub, und die Ermittler fragen vor allem und zuerst: Wer hat ein Motiv gehabt, so etwas zu tun. Das Motiv führt bekannterweise häufig zum Täter, zur Täterin.

Stellen wir uns vor, über Nacht geschehen großartige, wundervolle Dinge in unseren Städten und die Menschen wundern sich: Wer kann das getan haben? Wer hat dafür ein Motiv? Stellen wir uns vor, die ermittelnden Fragen kommen zum Ergebnis: Vermutlich waren es die Christen hier, die haben doch das beste Motiv, so etwas zu tun. Die haben doch diesen Christus …

Das haben wir. Wir haben Jesus, der uns nicht nur im Gleichnis vom barmherzigen Samariter verdeutlicht, wie wir in dieser Welt mit der Not umgehen sollen, die uns begegnet. Eben nicht wie die zwei Frommen, die den Verletzten links liegen lassen, weil sie scheinbar wichtigere Termine haben. Nebenbei: Mich schmerzt die Gleichgültigkeit der „frommen Hauptamtlichen" gegenüber der Not in der Erzählung kolossal – und noch viel mehr in unserer Zeit.

Ein Samariter wird zum Vorbild gelebter Liebe. Er beugt sich nieder, versorgt die Wunden, bringt den Verletzten in eine Herberge, gibt das nötige Geld zur Pflege und verspricht wiederzukommen, um nach dem Verletzten zu sehen.

Sind wir zu sehr mit durchaus „geistlichen Arbeiten" beschäftigt, dass wir an der offensichtlichen Not, die laut oder leise nach Hilfe ruft, vorbeigehen? Ist unser, vielleicht auch frommes oder zeitliches Korsett zu eng geworden, sodass wir weder Raum noch Zeit finden, uns niederzuknien, um zu helfen? Machen wir uns angesichts der Not aus dem Staub oder in den Staub?

Und schaffen wir es, wie Martin Luther King die Erzählung weiterführt, gemeinsam zu handeln und anzupacken, um die Straße zwischen Jericho und Jerusalem neu zu machen, damit immer weniger Menschen unter die Räuber unserer Zeit fallen? Können wir als Christen in Politik und Gesellschaft für gute Rahmenbedingungen sorgen, damit Kinder und Familien gesund und bewahrt aufwachsen können? Schaffen wir es als Christen, eine echte Relevanz zu gewinnen in dieser Welt, weil wir gemeinsam Wirkungskraft entfalten, die nicht unbemerkt bleibt?

Eine der häufigsten Fragen, die ich höre, ist: „Herr Riewesell, wie kann denn mein Glaube, mein Leben als Christ, relevant werden für die Welt?" Gute Frage, wichtige Frage. Und ich antworte: „Was bedeutet denn das Wort

‚relevant'?" Da die Antwort zumeist Schweigen ist, ergänze ich, dass „relevare" bedeutet: wieder emporheben.

Wir müssen unseren Glauben, unser Leben neu emporheben und Gott ganz hingeben. Wie Jesus die wenigen Brote und Fische zu Gott emporhebt, dafür dankt und erlebt, wie der Vater damit viele tausend Menschen speist. Heben wir unseren Glauben, unsere Gemeinden neu zu Gott empor, danken wir für alles, was wir haben dürfen und erleben wir neu, wie Gott durch uns die Menschen unserer Städte speist.

Natürlich könnten wir leicht resignieren, wenn wir, auch und gerade bei Jumpers, die große soziale und geistliche Not sehen, aber resignieren ist einfach nicht unser Ding! Wer heute den Kopf in den Sand steckt, der knirscht morgen nur mit den Zähnen und wird zu einem der viel zu vielen verbitterten Menschen, die zwar laut die Not der Zeit beklagen, aber keine restaurative Kraft mehr besitzen.

Wir als Jumpers, wir als Gemeinden, sollten keine Resig-Nation sein, denn re-signieren bedeutet nur, gewonnenes Land zurückzugeben. Wenn früher der Kaiser Land gewonnen hatte, signierte er es mit seinem Signum, seinem Regentenzeichen. Wenn aber der Feind stärker wurde, musste er „re-signieren" und das Land wieder abgeben.

Wenn wir im Glauben resignieren, geben wir Land zurück an den Feind, das wir einst gewonnen hatten. Wir möchten viel mehr eine „Faszi-Nation" sein und auch in herausfordernden Zeiten lieben, glauben, hoffen und handeln. Wir möchten Stadtteile segnen und in der Liebe Gottes gewinnen, um Menschen zu trösten, zu ermutigen und mit Jesus bekannt zu machen.

Jumpers möchte faszinieren. Wir ziehen in sozial auffällige Stadtteile und gründen Familienzentren, in denen Menschen Gottes Liebe in vielfältiger Form erleben.

Nachdem wir 2010 gestartet waren, konnten wir schnell unser erstes Projekt in Kassel gründen. Klein, in einer Drei-Zimmer-Wohnung im Stadtteil Helleböhn. Ein Jahr später fragte uns eine Wohnbaugesellschaft an, ob wir auch nach Stadtallendorf (bei Marburg) gehen würden. Dort lebten wir mitten in einem sozial angespannten Quartier mit einer Migrationsquote von 90%. Nachdem wir zunächst nur eine Wohnung zur Verfügung hatten, konnten wir ab 2013 eine entwidmete Kirche anmieten. Leider werden immer mehr Kirchen „entwidmet" – für mich jedes Mal ein Schmerz, weil es Ausdruck einer um sich greifenden „Re-Signation" ist, in der wir als Kirche nicht nur Gebäude, sondern auch Werte und Inhalte aufgeben.

Mittlerweile ist Jumpers-Stadtallendorf zu einem Leuchtturmprojekt geworden und wir haben wöchentlich über 270 Menschen bei uns. Sie erleben Gastfreundschaft, Sprachkurse, starke und werthaltige Programme bis hin zu Hauskreisen. Eine echte Segensgeschichte für sich.

Als ich 2014 in meiner Heimatgemeinde predigte und auch über Jumpers berichtete, sprach mich hinterher ein Mitarbeiter einer großen Wohnbaugesellschaft an. Er war fasziniert und wollte uns unbedingt mit seinem Chef in Verbindung bringen. Aus der Begegnung wurden mittlerweile fünf Stadtteilzentren in Salzgitter, Gera, Erfurt, Schwerin und Merseburg. Wir dürfen kostenfreie, zum Teil große Räume in den Quartieren nutzen, um unsere

Angebote umzusetzen. Es ist spannend zu entdecken, dass auch außerhalb der christlichen Welt Menschen Interesse haben, Quartiere zu entwickeln und anderen zu helfen. Wir können uns als Christen in eine Allianz der Hilfe einklinken. Der Glaube an Jesus, den wir in diese Allianz einbringen, bereichert sie nicht nur, sondern führt auch zu wertvollen Gesprächen mit Unternehmen, Politikern und anderen Vereinen.

Wir brauchen unseren Glauben nicht verstecken oder verkleiden. Tatsächlich erlebe ich immer wieder, wie dankbar Menschen für diese „anderen Impulse" sind und wie offen, sie zu hören und anzunehmen.

Durch einen „Zufall Gottes" haben wir 2019 dann wohl unser größtes Projekt gegründet. Zum ersten und bis heute einzigen Mal haben wir ein Gebäude gekauft, ein ehemaliges Einkaufszentrum in der Stadt Sassnitz auf Rügen. Das war eine verrückte Geschichte, die wohl nur Gott so schreiben kann. Nach viel Einsatz, Spenden und Umbauten ist Jumpers Sassnitz heute ein großartiges Zentrum, um Menschen auf der Insel Rügen zu erreichen. Allein durch den „RügenSommer" können wir Jahr für Jahr viele, viele Rüganer und Touristen durch liebevolle und kreativ-evangelistische Aktionen und Konzerte ansprechen (www.ruegensommer.org).

Durch all die Jahre und vor allem durch Gottes Güte konnte Jumpers Jahr für Jahr wachsen. Bis heute haben wir in zwölf Städten Familienzentren gegründet, in denen Kinder und Familien Mahlzeiten sowie kostenfreie Angebote im Bildungs-, Sport-, Musik- und Kreativbereich wahrnehmen. Hinzu kommen verschiedene christliche Angebote und Gruppen, sowie Freizeiten, die einen besonderen Stellenwert haben.

Wir durften schnell wachsen und haben einige Bildungs- und Integrationspreise gewonnen, sowie den Medienpreis „Goldene Henne". Jemand sagte mal: „Was ihr mit Jumpers erreicht habt, ist schon Aufsehen erregend". Ich hoffe und bete, dass wir Aufsehen erregen und unsere Liebe „tat-sächlich" dazu anregt, aufzusehen und den zu entdecken, der hinter allem steht und unsere Kraftquelle ist.

Wir sagen gerne: Wir geben unser Bestes bei Jumpers. Aber wir meinen damit nicht unsere Leistung, sondern unser Bestes ist immer Christus. Größeres können wir nicht geben.

Wir erleben bei Jumpers wertvolle Glaubenswege und dürfen über kleine und große Wunder staunen. Menschen erfahren Gottes Liebe und wenden sich ihm zu, manche kommen zum Glauben und lassen sich taufen. „Jungscharen" und „Hauskreise" entstehen und „belastbare" Brücken zu bestehenden Gemeinden werden geschlagen.

Wir durften Jahr um Jahr wachsen und haben mittlerweile über 70 angestellte Mitarbeitende. Mit dem Wachstum wächst auch der Bedarf an Unterstützung. Jumpers braucht 1,6 Millionen Euro im Jahr und es ist Monat zu Monat ein Wunder, wie Gott versorgt. Als ich früher von Glaubenswerken hörte und wie man auch am Monatsletzten noch auf den entscheidenden Scheck wartete, da dachte ich nicht, dass ich einmal in ähnlicher Weise bis zuletzt nicht wissen würde, ob und wie ich die Gehälter überweisen kann. Aber all die Jahre kam das Geld „just in time", um alles zu ermöglichen. Gott handelt, spätestens rechtzeitig …

2023 sind wir einen weiteren wichtigen und strategischen Schritt gegangen. Wir können uns natürlich beklagen, dass die Ganztagesbetreuung in Schulen manche christlichen Gruppen und Angebote in der Woche unmöglich macht, weil Kinder oft bis 17 Uhr in der Schule sind. Wir können aber auch neue Wege gehen und in der Schule selbst eine Jungschar gründen oder andere Angebote ermöglichen.

Im August 2023 haben wir in einer Grundschule erstmalig die Ganztagesbetreuung als Träger übernommen. Das bedeutete natürlich viel Bürokratie und Aufwand, aber zugleich die Chance, jeden Tag 200 Kinder mit dem Evangelium in Tat und Wort zu erreichen. Wir können darüber stöhnen, dass ab 2026 sogar ein Rechtsanspruch auf Ganztagesbetreuung ab der 1.Klasse besteht oder rechtzeitig einen neuen Weg einschlagen und gemeinsam an Schulen aktiv werden.

Gerade Kindern, die oft so negative Bilder von sich und ihrer Zukunft haben, möchten wir erlebbar machen, dass sie von Gott gewollt, geliebt und begabt sind. Ich denke an einen alten Freund, der mir als Fotograf einmal seine Dunkelkammer zeigte. Der Ort, an dem aus Negativen Positive entwickelt werden. Dann sagte er sehr eindrücklich: „Wir brauchen viel mehr Menschen, die bereit sind, in die Dunkelkammern dieser Welt zu gehen, damit aus Negativbildern Positive werden!"

Ich denke an ein Mädchen, das schon länger zu Jumpers kam. Es erzählte mir: „Damals vor Jumpers war mein Leben märchenhaft!" Ich stutzte: „Vor Jumpers?" „Ja, du weißt schon – mit schwieriger Stiefmutter und Stiefgeschwistern, mit Gewalt und vielem, was nicht gut war. Aber weißt du, was das Beste an Märchen ist?" „Was?" „Das Beste ist der Satz ‚Es war einmal…' – all das war einmal. Hier bei Jumpers habe ich andere Menschen kennengelernt, die mich echt annehmen und eine ganz besondere Liebe!"

Als Christen haben wir die beste Message der Welt. Eine Botschaft, die kraftvoll heilen und verändern kann. Wir dürfen diese Medizin nicht einer verletzten und gebrochenen Welt vorenthalten.

Als Jumpers möchten wir wach bleiben für „God`s Calling" und gemeinsam mit Gemeinden und Allianzen Stadtteile verändern. Wir sehnen uns danach, eine Segensbewegung für unsere Städte zu sein, die sich trotzig und vertrauend aller Resignation entgegenstellt.

Auch deshalb haben wir 2017 einen weiteren Verein gegründet. „Sempers-Senioren mit Perspektive e. V." engagiert sich für ältere Menschen in den Quartieren und unterstützt Menschen, die von Alterseinsamkeit betroffen sind. Als wir hörten, dass in einem der Stadtteile, in denen wir als Jumpers tätig waren, eine ältere Dame verstorben war und wochenlang unbemerkt in ihrer Wohnung lag, konnten wir nicht anders. Wir konnten Geschehenes nicht verändern, aber hatten den Wunsch, dass wir mehr Achtsamkeit leben und füreinander da sind.

Mit unseren Sempers-Cafés schaffen wir Anlaufstellen der Hilfe und Orte der Gemeinschaft, an denen auch Workshops, Andachten oder Lesungen ihren Platz haben. Zudem besuchen unsere „Sempers-Engel" Senioren und Seniorinnen, die vereinsamt sind und holen sie zurück in wohltuende Gemeinschaft (www.sempers.org). Wir freuen uns, dass wir schon an sechs Orten „Sempers" etablieren konnten und für viele Ältere zu einer wichtigen Hilfe geworden sind.

Sehr gerne arbeiten wir mit Gemeinden und Engagierten zusammen. Nehmen Sie gerne mit uns Kontakt auf. Zugleich freuen wir uns über alle, die unseren Auftrag durch Gebet, Mitarbeit oder finanzielle Unterstützung fördern können.

www.jumpers.de

„LIEBE DEINE FEINDE"

Über Ecken, Kanten und andere Macken – Gedanken zur Partnerschaft

Volker A. Lehnert und Felicitas A. Lehnert

Ecken und Kanten gehören zu jedem Menschen. Es gibt am Anderen immer irgendetwas, das ich nicht leiden kann. Entweder, weil es mich an negative Erfahrungen aus anderen Kontexten erinnert, etwa an Menschen, die mich einmal verletzt haben, oder, weil es sich um echte Macken in dessen Persönlichkeit handelt. Was sind solche Ecken und Kanten? Wir verstehen darunter Charakterzüge und Eigenschaften, die zu einem Menschen gehören, aber im Empfinden des Partners genervte Reaktionen auslösen. Genaugenommen handelt es sich um die Punkte, von denen Sie sich bereits bei der Trauung vorgenommen haben, sie Ihrem Mann oder Ihrer Frau auf Dauer auszutreiben. Und da dies in der Regel nie gelingt, entwickelt sich der ‚Rochus'. Dabei dürfen Macken nicht verwechselt werden mit echtem schuldhaften Verhalten. Macken nerven, sind aber nicht böse. Schuld schädigt, denn sie realisiert das Böse.

Im Prinzip sehen wir fünf Möglichkeiten, mit solchen vermeintlichen Schwächen der Ehepartnerin oder des Ehepartners umzugehen: Ich könnte sie hassen und bekämpfen, ich könnte sie nutzen zum Zustechen, ich könnte sie ignorieren, ich könnte sie tolerieren, oder ich kann mein Gegenüber, wenn's wirklich nur Macken sind, mit eben diesen lieben lernen.

Möglichkeit 1: Hassen und Bekämpfen

Die erste Frage, die sich stellt, ist: Unterliegen die von mir beklagten ‚Schwächen' dem Willen meines Mannes oder meiner Frau, oder leidet er/sie womöglich selbst unter ihnen? Im zweiten Falle würde ich beim Anderen etwas bemängeln, wofür er vielleicht gar nichts kann. Gehören die mich nervenden Charakterzüge zur Kriegsstrategie unseres Geschlechterkampfes, vielleicht zu einem geheimen Machtkampf in unserer Ehe, oder sind sie ein, wodurch auch immer erzeugtes, mitgebrachtes Erbe aus der persönlichen Biographie?

Beispiel: Männer, die in ihrer Kindheit einen chauvinistischen Macho-Vater erlebt haben und womöglich noch die Ältesten in der Geschwisterreihe sind, neigen gelegentlich dazu, ihre Frauen weniger ernst zu nehmen. Deren Meinung holen sie gar nicht erst ein. Die Frau empfindet dies als Geringschätzung. Einerseits zu Recht, anderseits auch nicht, denn ihr Mann missachtet sie nicht vorsätzlich und bösartig – wie sie meint –, sondern lebt lediglich seine von Kind auf verinnerlichte Rolle, die sich beide noch nicht bewusst gemacht haben. Ist die Ehefrau eine von jüngeren Geschwistern, mag diese Rollenverteilung sogar funktionieren, wie immer man dazu stehen mag. Sie lebt dann ebenfalls die Rolle, die sie als Kind gelernt hat. Ist sie jedoch selbst eine ‚Älteste' und trifft auf einen ‚Jüngsten', dann läuft's häufig entgegengesetzt. Ganz anders sieht die Sache aus, wenn zwei ‚Älteste' oder zwei ‚Jüngste' zusammenkommen. Dann kann's eng werden, denn der jeweilige Partner passt eventuell nicht in die gelernte Struktur oder beansprucht die Rolle des Anderen selbst. Der Konflikt ist programmiert. Die einen werden ein Machtspiel spielen, die anderen werden sich möglicherweise mangelnde Initiative vorwerfen. Oder sie heiraten gar nicht erst, weil sie unbewusst bereits ahnen, was da auf sie zukommen könnte.

Wir halten hier übrigens kein Plädoyer für eine bestimmte Rollenverteilung. Wir wollen lediglich für die Tatsache sensibilisieren, dass die gelernten Rollen immer schon da sind, ob es uns gefällt oder nicht. Analysieren Sie also behutsam, wo die vermeintliche ‚Schwäche' herkommt, die Sie ablehnen. Im genannten Beispiel würden Sie, wenn Sie anfingen, diesen Charakterzug voller Hass zu bekämpfen, irrational in eine ‚Grundprogrammierung' Ihres Mannes eingreifen und ihn in seinem Kern ablehnen. Dies wiederum kann dazu führen, dass er, um seine in Frage gestellte Persönlichkeit zu stabilisieren, die von Ihnen kritisierte Rolle umso mehr einnimmt. Auf diese Weise würden Sie paradoxerweise durch Ihren Kampf das Bekämpfte geradezu verstärken! Besser wäre es, die versteckten Grundmuster dieses Phänomens gemeinsam aufzudecken und zu betrachten, um daraus konstruktive Folgerungen zu ziehen mit dem Ziel einer liebevollen Partnerschaft im Sinne der Agape, der gegenseitigen Bereicherung.

Ähnlich verhält es sich in dem folgenden Fall: Eine Frau wurde in ihrer Kindheit von ihrem Vater verachtet oder sogar missbraucht. Als Folge wird sie in ihrem sexuellen Empfinden emotionale Blockierungen erleben. Werfen Sie ihr nun vor, sie sei prüde, verschlimmern Sie ihr Leid, weil Sie dieses nun auch noch in Schuld transformieren. Auch in diesem Fall würden Sie das Empfinden Ihrer Frau gerade nicht ändern, sondern ihre Verletzung ungewollt verstärken.

Möglichkeit 2: Nutzen zum Zustechen

Diese Möglichkeit wird häufig von Menschen genutzt, deren Liebesbereitschaft weit hinter der Liebeserwartung zurückbleibt. Um die eigene innere Abwendung vor sich und dem Anderen zu legitimieren und damit die äußere Abwendung einzuleiten, nutzen sie jede vermeintliche Schwäche zum Angriff. Jedes falsche Wort, jede falsche Geste, jeder ungeliebte Verhaltenszug wird als Beweis der Bosheit des Anderen gewertet und herausgestellt. Auf Dauer wird dadurch die Verantwortung für alle Defizite der Beziehung, für alle unerfüllten Wünsche und für jeden Streit auf mein Gegenüber konzentriert, das dadurch im wahrsten Sinne des Wortes wirklich zum GEGEN-ÜBER wird. In der ständigen Anklage erhebe ich mich zum Richter und genieße die darin versteckte Machtillusion.

Möglichkeit 3: Ignorieren

Wollen Sie so etwas nicht, könnten Sie alles, was Sie nicht mögen, einfach ignorieren, so tun, als wenn's nicht da wäre. Die Verliebtheitsphase einer Beziehung lebt von dieser Technik. Die positiven Gefühlswallungen dominieren alles, die Sicht auf die Realität wird leicht eingeschränkt, die Augen des Herzens leiden unter einer gewissen Sehschwäche. Genauer gesagt, Verliebte tragen Scheuklappen. Vielleicht ist dies der Preis für hormongetriggerte Glücksphasen. Aber irgendwann sehen Sie mehr und blicken besser durch. Und dann erkennen Sie die Möglichkeit des Ignorierens als einfarbig – blauäugig eben. ‚Ignorieren' bedeutet ja streng genommen: ‚nicht ernst nehmen', und dies ist menschenverachtend, eine wenig taugliche Basis für eine ‚liebenslängliche' Beziehung.

Möglichkeit 4: Tolerieren

Die bewusste Tolerierung des Missbilligten könnte da schon eine bessere Möglichkeit darstellen. Tolerierung verhindert, dass Sie sich zwar von den Ecken und Kanten des Anderen distanzieren, nicht aber, dass Sie sich durch diese von ihm trennen lassen. Tolerierung lässt Sie mit den kritisierten Eigenschaften umgehen und leben. Vor allem vermeidet Tolerierung deren Verstärkung. Aber Tolerierung ändert auf Dauer auch nicht wirklich etwas. Mit der ‚Faust in der Tasche' finden Sie sich eben irgendwie mit diesem oder jenem ab, aber so recht glücklich werden Sie damit nicht. Der Zoff-Faktor würde allerdings erheblich reduziert.

Möglichkeit 5: Ich liebe Dich mit Deinen Macken!

Die Entscheidung zur Liebe könnte zwei Folgen haben: Entweder: Nicht änderbare oder nicht dem Willen unterworfene Charakterfehler (oder was Sie dafür halten) werden in Ihrem Emotionshaushalt nicht länger im Minus-, sondern ab sofort im Plusbereich gebucht. Beginnen Sie, über die Macke zu ‚schmunzeln': „Du wärst wirklich nicht Du, wenn Du mir nicht immer an dieser Stelle widersprächest." Oder: Gerade dadurch, dass Sie auf die Bekämpfung einer Macke bewusst verzichten, könnte es passieren, dass Sie diese auf Dauer sogar weglieben. *„Liebe deine Feinde"*, nannte Jesus so etwas (Mt 5,43). Wer also abgelehnte Verhaltensweisen seines Partners oder seiner Partnerin lieben lernt, anstatt sie zu bekämpfen, kann manchmal positive Überraschungen erleben. Indem Sie annehmen, was Sie bekämpfen, relativieren Sie dessen Bedeutung, bis dahin, dass es manchmal sogar verschwindet. In der Psychologie sind solche Paradoxien bekannt.[18] Aber Vorsicht! Wer sich so etwas aus strategischer Absicht vornimmt, tut dies schon wieder nicht aus Liebe. Liebe aber verändert

---

18 Vgl. E. Wiesenhütter, Grundbegriffe der Tiefenpsychologie, Darmstadt, 3. Aufl., 1987, 184; P. Watzlawick, Die Möglichkeit des Andersseins. Zur Technik der therapeutischen Kommunikation, Bern, Stuttgart, Toronto, 4. Aufl., 1991, S. 79f.

nur dann liebevoll, wenn sie gar nicht verändern will. Weil sie andere Menschen so anzunehmen vermag, wie sie sind. Vor mehr als vierzig Jahren hat Thomas A. Harris einen psychologischen Klassiker geschrieben mit dem Titel ICH BIN OK. DU BIST OK.[19] Darin beschreibt er vier Grundmuster menschlicher Beziehungen:

Grundhaltung 1: Ich bin nicht ok, aber du bist ok

Dies ist die Haltung des lädierten Selbstwertgefühls, das ständig nur auf das vermeintliche Glück der Anderen schielt nach dem Motto: Was haben sie, was ich nicht habe? Diese Einstellung wird sich kaum als tragfähig für eine liebevolle Ehe erweisen.

Grundhaltung 2: Ich bin ok, aber du bist nicht ok

Dies ist die Haltung narzisstischer Selbstherrlichkeit, die sich selbst zum Maß aller Dinge setzt und sich am Ende wundert, dass sie alle Menschen in die Flucht geschlagen hat. Sie lebt nach dem Motto: Alles wäre besser, wenn du dich endlich ändern würdest. Sie können ganz sicher sein: Auf Dauer macht so etwas einsam.

Grundhaltung 3: Ich bin nicht ok, und du bist nicht ok

Chronische Schwarzmaler, depressiv, resigniert und misanthropisch zugleich. Alles ist schlecht, früher war alles besser, und die Menschen sind auch nicht mehr das, was sie

---

19   Th. A. Harris, Ich bin o.k. Du bist o.k. Wie wir uns selbst besser verstehen und unsere Einstellung zu anderen verändern können – Eine Einführung in die Transaktionsanalyse, Reinbek, 1976.

mal waren. Vertreter dieser Einstellung sind auf Dauer suizidgefährdet, kaum beziehungs-, auf keinen Fall aber ehefähig. Die vierte Grundhaltung, so Harris, sei die für gelingende menschliche Beziehungen richtige und notwendige:

Grundhaltung 4: Ich bin ok und du bist ok

Ich bin gut und du bist gut, so betrachten wir uns und dann wird alles gut. Wir denken positiv und sehen nur das Gute. Klingt auch gut – geht nur nicht! Warum? Weil wir genau wissen, dass Menschen eben nicht nur gut sind. Hier könnte nun eine christliche Grundüberzeugung weiterhelfen, nämlich das Vertrauen in die Rechtfertigung unvollkommener Menschen durch Gott. Sie besagt, dass Gott den Menschen, obwohl er fehlerhaft und unvollkommen ist, so ansieht als wäre er es nicht. Gerade weil wir Mängelwesen sind, spricht Gott uns durch Christus das Mangelnde zu: Vollkommenheit und Gerechtigkeit (vgl. Römer 3). Symbolisiert wird das im weißen Taufkleid. In der Taufe haben wir, wie Paulus sagt, ‚Christus angezogen', genauer: seine Vollkommenheit. Wir sind ‚in Weiß gekleidet'. Ecken und Kanten sind unsichtbar geworden. Übersetzen wir diese theologische Lehre in die psychologischen Kategorien von Harris, dann würde es sich so anhören: Ich bin zwar nicht (total) ok und du bist auch nicht (total) ok, aber Gott sagt: Das ist schon ok! Und genauso, wie Gott uns ansieht, müssten wir uns gegenseitig ansehen, wenn unsere Ehe wirklich eine Liebesbeziehung werden soll. Betrachten Sie sich selbst und Ihren Ehepartner als von Gott angenommen und geliebt, trotz aller im ‚real existierenden Eheleben' vorkommenden Schwächen und Fehler, und Sie werden merken, dass die viel beschworene befreiende Kraft des Evangeliums keine müde Theorie ist, sondern ein Lebenselixier zur Ermöglichung liebevoller menschlicher Beziehungen, denn ‚in Weiß gekleidete' Menschen betrachten sich nicht länger von ihren Defiziten her, sondern von der Würde ihrer grundsätzlichen Gottesebenbildlichkeit. Testen Sie's! Es kostet Sie nur ein bisschen Vertrauen … Und ein wenig Liebe …

Praxisentwürfe für die Arbeit mit Gruppen

ALLES, WAS IHR TUT, DAS TUT AUS LIEBE – MIT KLEINEN SCHRITTEN ANS ZIEL

Stundenentwurf für Teenager

Dennis Weiß

Ziel

Im Stundenentwurf geht es darum, dass die Teenager Mut fassen, kleine Schritte für sich und ihren Alltag zu formulieren, mit denen sie mehr aus Liebe tun können.

Spiel: Burgspiel (10 Minuten)

Die Spielenden werden in zwei Gruppen geteilt. Eine Gruppe verlässt den Raum. Die andere Gruppe stellt eine Burg dar, sie stellen sich im Kreis eng beisammen auf und haken sich einander ein. Die Burg bekommt die Anweisung, nur Leute hineinzulassen, die höflich „Bitte" sagen. Sie müssen sich darauf einstellen, wirklich gut zusammenzuhalten und sonst niemanden durchzulassen. Die Gruppe draußen bekommt die Aufgabe, auf irgendeine Art und Weise in die Burg hineinzugelangen.

Nach dem Spiel kann man fragen, worauf es bei dem Spiel ankam. Danach lädt man die Gruppe ein, das Spiel gedanklich abzuändern mit folgendem Grundsatz für beide Gruppen: „Alles, was ihr tut, das tut aus Liebe."

„Was hättet ihr in euer Rolle mit diesem Grundsatz anders gemacht?"

Das Spiel kann am Ende nochmal gespielt werden und die Burggruppe darf ihr eigenes Zeichen (Wort oder Aktion) vereinbaren, mit der die andere Gruppe hineinkommt. Bei erfolgreicher Eroberung wechseln die Gruppen ihre Rollen.

Einstieg: Schreibgespräch (15 Minuten – gerne mehr, wenn ihr Zeit habt)

Der Grundsatz wird als Jahreslosung vorgestellt und jetzt geht es darum, sich dem Thema etwas zu nähern. Vorbereitet sind mehrere Plakate mit Fragen:

– Was ist Liebe? *(Gefühl, Entscheidung, Vertrauen, Zusammenhalten, …)*
– Woran merke ich, dass ich geliebt werde? *(Kann eine kritische Frage sein, wenn jemand keine Liebe erfährt.)*
– Wo fehlt es an Liebe? *(In der Schule, zwischen Ländern, …)*
– Wie kann ich etwas „in Liebe" tun?
– Was würde sich verändern, wenn alle nach dem Grundsatz leben würden?
– Wie viel tust du in deinem Leben in Liebe? *(Als Skala mit Klebepunkten vorbereiten, an einem Ende steht „Alles", am anderen „Nichts", die Teens positionieren sich mit den Klebepunkten.)*

Die Plakate sind im Raum verteilt und die Teens sollen ihre Gedanken zu den Fragen auf die Plakate schreiben und dürfen bereits vorhandene Ideen mit einem Ausrufezeichen versehen, wenn sie sie gut finden oder mit einem Fragezeichen, wenn sie sie nicht verstehen.

Mitarbeitende können mit Stiften erste Impulse setzen, wenn den Teilnehmenden der Anfang schwerfällt. Nach ca. 10 Minuten sollte man stoppen und gemeinsam die Antworten und Gedanken auf den Plakaten durchgehen und Fragen klären oder Rückfragen an die Teens stellen.

Input: Jesus, der Erste und Einzige (5 Minuten)

Ich weiß nicht, was dir so durch den Kopf ging, als du den Vers das erste Mal gehört hast. „Alles, was ihr tut, das tut aus Liebe." Ich dachte mir erstmal so: „Jo, das bekomm ich definitiv nicht hin. Also klingt ja voll gut und ist auch echt ein schöner Vers, aber dafür ist das Leben doch viel zu sehr Gefühlsachterbahn, als dass ich immer aus Liebe heraus handeln könnte. Wer kommt auf diese Idee?"

Es war Paulus, der das an die Gemeinde in Korinth geschrieben hat und sie damit ermutigt und herausgefordert hat. Was hat ihn dazu bewegt? Ich vermute mal, er kann das so raushauen, weil er weiß, was die Grundlage für diesen Vers ist. Nämlich, dass Jesus der Erste und der Einzige war, der das umsetzen konnte.

Jesus war der, der das vorgelebt hat. Der zu den Aussätzigen hingegangen ist, um die alle einen großen Bogen gemacht haben, weil sie krank, hässlich und ausgestoßen waren. Und er ist der, der am Kreuz hängt. Der von den Leuten um ihn herum ausgelacht, angespuckt und beleidigt wird und sagt: „Vater, vergib ihnen, denn sie wissen nicht, was sie tun." Er ist derjenige, der für die Schuld von allen, auch den aus meiner Sicht größten Arschlöchern, gestorben ist. Das hilft mir, mein Bild geradezurücken, wenn ich den anderen gerade scheiße finde und gar keine Lust habe, überhaupt irgendwie nett zu der Person zu sein, geschweige denn liebevoll. Dann weiß ich: „Jesus war der Erste." Okay, Jesus, du hast für diesen Menschen dein Lebe gelassen. Ich habe gerade nicht viel übrig für diese Person, deshalb sei du mit deiner Liebe bei ihr, wo ich es nicht kann. Damit ist ein Anfang gemacht. Weil Liebe die Perspektive verändert und Jesu radikal gelebte Liebe mir hilft, meine Sicht langsam zu verändern.

Entscheidend ist aber auch: Jesus ist der Einzige, der das hinbekommt. Ich glaube nicht so richtig, dass irgendwer das in Perfektion hinbekommt und wirklich alles, also alles alles aus Liebe tun kann. Und das bedeutet zweierlei: Erstens, wenn du das mal nicht hinbekommst und herzlos mit deinen Eltern, deinen Geschwistern, deinen Freunden und Freundinnen oder anderen umgehst, dann mach dich nicht fertig, sondern lass dich von Jesus lieben. Es ist okay, dass du nicht perfekt bist und auch mal keine Liebe übrig hast. Und zweitens, auf Perfektion kommt es gar nicht an, darauf zielt es gar nicht ab. Denn die Liebe, die Jesus gelebt hat, ist nicht ein Gefühl, sondern eine Entscheidung, eine Haltung. Das Gute und den Vorteil für den anderen zu suchen, nicht nur eigene Interessen zu verfolgen, sondern rücksichtsvoll auf den anderen zu schauen. Das ist ein langer Weg, da ist jeder Tag und jeder Moment eine neue Herausforderung und sowas meistert man nur mit kleinen Schritten. Die sind entscheidend. Du stemmst keine 100 kg auf einmal, sondern fängst klein an und steigerst dich. Du kannst den Vers nicht heute hören und morgen danach leben. Das braucht jeden Tag eine Erinnerung daran und die Entscheidung, Schritt für Schritt damit durchs Leben zu gehen.

Hier solltest du dir ein persönliches Beispiel überlegen, wo du selbst sehr hartherzig bist oder es dir schwerfällt, aus Liebe zu handeln.

Wenn ich überlege, wo es mir besonders schwerfällt, liebevoll und rücksichtsvoll zu sein, dann ist das definitiv der Straßenverkehr. Ich fahre nämlich seit einiger Zeit nur noch Fahrrad und ich könnte so oft kotzen über Autofahrende und hab auch schon öfters Beleidigungen hinterhergerufen und den Mittelfinger gezeigt, wenn mich jemand anscheinend mit einem Drive-in Schalter verwechselt haben muss, weil er oder sie so nah rangefahren ist, dass ich das Essen durchs Fenster hätte reichen können. Und Autofahrende finden natürlich Fahrradfahrende doof, weil die auch so rücksichtslos fahren und überhaupt stören. Ich habe gemerkt, da ist oft so viel Hass und so eine Grundanspannung auf der Straße. Die möchte ich für mich mehr und mehr durchbrechen und da mehr aus Liebe tun, und vielleicht entspannt es ja auch andere. Anstatt Platz zu erkämpfen oder es Autofahrenden extra schwerzumachen zu überholen – das hat auch schon irgendwie Spaß gemacht – versuche ich so zu fahren, dass man sich irgendwie arrangieren kann und alle weiterkommen. Ich versuche den Mittelfinger und die Beleidigungen stecken zu lassen und tief Luft zu holen und mir Jesu Worte „Vater, vergib ihnen, denn sie wissen nicht, was sie tun" ins Gedächtnis zu rufen.

Wo erlebst du so eine große Anspannung oder hast das Gefühl – hier fehlt definitiv Liebe und Rücksichtnahme?

Vertiefung: Rollenspiel aus dem Alltag (20 Minuten)
Gemeinsam sammelt man nun Orte / Situationen, von denen man Lieblosigkeit kennt (auf Karten, am Flipchart, o.ä.). Dann versucht man, kleine Gruppen zu bestimmten Orten / Situationen zu bilden, die zwei kurze Szenen als Rollenspiel erarbeiten. Die erste Szene soll darstellen, was man normalerweise erlebt, und in der zweiten Szene soll dargestellt werden, wie es sich verändern könnte, wenn wir aus Liebe handeln. Ermutigt die Gruppen, ihren ersten Impulsen nachzugehen und sie umzusetzen, sonst ufert das sehr schnell aus und braucht viel Zeit. Danach werden die verschiedenen Szenen einander vorgespielt und gewürdigt.

Ergebnissicherung: Postkarte (5 Minuten)
Zum Abschluss bekommen alle eine Postkarte zur Jahreslosung. Sie dient als tägliche Erinnerung für die kleinen Schritte auf dem sehr langen Weg des „alles aus Liebe Tun". Auf die Rückseite schreiben alle für sich auf, in welchem Bereich sie mehr aus Liebe tun wollen, als eine persönliche Herausforderung. Gerne so, dass noch Platz ist, wenn man weitere Schritte aufschreiben möchte, nachdem man einen erfolgreich gegangen ist.

Gebet
Vater, ich schaffe das nicht. Alles aus Liebe zu tun, das kann ich nicht. Aber du kannst das. Zeige mir immer wie-

der neu, wie sehr du mich liebst und auch die Menschen, die ich nicht lieben kann. Jesus, ich habe mir Gedanken gemacht und möchte gerne mehr Liebe an Orte bringen, die so verhärtet sind – hilf du mir, dass das gelingt. Jetzt kannst du Jesus diese Situationen oder diese Orte nennen, an denen du dir Veränderung wünscht, so, dass nur er das hören kann. *Kurze Stille.* Jesus gib uns die Kraft, die wir jeden Tag brauchen, um daran festzuhalten, mehr aus deiner Liebe heraus zu handeln. Amen.

VON HERZEN

Gruppenstunde für Frauen

Dagmar Zimmermann

Ziel der Gruppenstunde

Die Frauen sollen erkennen, dass sie von Gott geliebt sind. Es geht darum diese Liebe an Menschen – in der Familie, in der Nachbarschaft, am Arbeitsplatz, in der ganzen Welt – weiterzugeben. Um Liebe weiterzugeben, müssen meine Liebesspeicher voll sein und immer wieder gefüllt werden. Gott möchte uns mit seiner Liebe überschütten.

Das Ambiente

Bereits beim Betreten des Raumes werden die Teilnehmerinnen ins Thema hineingenommen. Eine herzliche Begrüßung halte ich bei jedem Treffen für selbstverständlich – diesmal z. B. zusätzlich mit einem Herzlich-Willkommen-Banner. Heute soll der erste Blick ins Thema einführen: Deko in Rottönen, Herzen – wohin das Auge blickt (als Süßigkeiten, Luftballons, Streukonfetti auf den Tischen, Servietten in Herzform oder mit Herzmotiv …), Motivkarte der Jahreslosung an jedem Sitzplatz (entweder überall die gleiche Karte oder aber unterschiedliche Karten aus dem vielfältigen Angebot der Verlage).

Außerdem liegen auf allen Tischen genügend Halbkreise mit der Aufschrift „Alles" bzw. „geschehe" und Quadrate mit der Aufschrift „in Liebe". Auf jedem Platz liegt ein Blatt Papier, auf das im Laufe des Abends mit bereitliegendem Klebstoff die beiden Halbkreise und das Quadrat als Herz aufgeklebt werden.

Der Rahmen
Lieder: Passend sind Lieder, die entweder unsere Liebe zu Gott ausdrücken oder in der umgekehrten Blickrichtung, Gottes Liebe zu uns.

Die Liebe Gottes zu uns kann in einem Segnungsteil zum Ausdruck kommen, in dem den Frauen, die dies wünschen, persönlich zugesprochen wird, dass sie Gottes geliebtes Kind sind.

Die inhaltliche Erarbeitung des Themas geschieht in 3 Abschnitten:
1. Alles
2. geschehe
3. in Liebe

Paulus hat seinen Brief an die Christen in Korinth geschickt – also an Menschen, die Jesus Christus kannten und ihm nachfolgten. Deshalb wendet sich die Aussage „Alles geschehe in Liebe" ursprünglich genau an diese Gruppe von Menschen.

In einer Frauengruppe treffen sich manchmal auch Frauen, die noch nicht in der Nachfolge stehen oder nicht in der Gemeinde / Gemeinschaft verwurzelt sind. Deshalb entscheiden die Mitarbeitenden im Vorfeld, ob der Schwerpunkt auf dem liebevollen

Umgang im christlichen Umfeld liegen soll oder in der Familie oder auch weiter gefasst in unserer Gesellschaft. Die Fragestellung kann dann entsprechend variieren. Es sollte auf jeden Fall ein Schwerpunkt festgelegt werden, damit das Thema nicht in die Breite, sondern in die Tiefe geht.

1. Alles – Bestandsaufnahme

Anhand von Aussagesätzen legen die Frauen ihre eigene Position fest.

Diese Bestandsaufnahme findet ohne Gespräch statt. Jede Frau fällt ihre Entscheidung alleine und kümmert sich so wenig wie möglich darum, wie sich die anderen entscheiden.

Es werden einige Sätze vorgelesen, die etwas über den Umgang miteinander in Familie, Gemeinde oder Gesellschaft aussagen. Nach jedem Satz haben die Teilnehmerinnen kurz Zeit, sich zu überlegen, wie sie zu der jeweiligen Aussage stehen. Wichtig ist, dass die Frauen eine Entscheidung treffen und sich so zu dem jeweiligen Satz positionieren.

Möglichkeit A:

Auf dem Boden wird hierzu mit Kreppband eine Linie aufgeklebt. (Die Linie kann auch nur gedacht sein und ist somit nicht sichtbar.) An einem Ende der Linie lautet die Aussage: „Ich stimme dem Satz völlig zu." Am anderen Ende entsprechend: „Ich stimme dem Satz überhaupt nicht zu." Die Teilnehmerinnen stellen sich dort an dieser

Linie auf, wo sie sich zwischen den beiden Enden sehen. Bei dieser Möglichkeit wird die Position der Einzelnen für jeden sichtbar. Somit ist ein gewisses Vertrauen der Frauen untereinander Voraussetzung.

Möglichkeit B:
Die Frauen positionieren sich nicht entlang einer Linie, sondern jede Teilnehmerin erhält ein Blatt, auf dem eine Linie mit den zwei Enden (s.o.) aufgemalt ist. Unter der Linie ist genügend Platz, sodass jede Teilnehmerin für jede Aussage ein Kreuz in jeweils eine Zeile machen kann. Bei einer eventuellen Auswertung lassen sich so die Kreuze den Aussagen zuordnen.

Den besten Effekt erzielt man, wenn die Fragen auf die Situation vor Ort zugeschnitten sind.
Die folgenden Sätze sind Beispiele, die verändert und erweitert werden sollen:

- In unsere Gemeinde herrscht ein guter Umgang miteinander.
- Ich fühle mich in unserer Gemeinde wohl.
- Ich fühle mich in unserer Gemeinde geliebt.
- Ich fühle mich in unserer Frauengruppe wohl.
- Ich fühle mich in unserer Frauengruppe geliebt.
- Ich wurde in unserer Gemeinde durch die Aussage eines anderen Gemeindemitglieds verletzt.
- Ich habe einen anderen Menschen durch meine Worte oder meine Tat verletzt.
- In unserer Gemeinde wird von der Liebe Gottes erzählt.
- In unserer Gemeinde wird Liebe gelebt.

- In unserer Gemeinde gibt es Projekte bzw. Aktionen, in denen Außenstehenden die Liebe Gottes nähergebracht wird.
- Ich kenne Menschen, die von unserer Gemeinde (oder unserer Frauengruppe) enttäuscht sind.
- Ich habe einen Ort / ein Angebot in unserer Gemeinde, wo ich Liebe auftanken kann.
- Die Liebe, der ich in unserer Gemeinde begegne, ist echt.
- Die Liebe, die ich selbst ausstrahle, ist immer echt.
- …

2. geschehe / soll geschehen

Möglichkeit A:
Austausch der Teilnehmerinnen an den Tischen.

Hier kann über die Aktion unter Nr. 1 gesprochen werden. Die Frauen können austauschen, bei welchem Satz es ihnen schwergefallen ist, ihre Position zu finden. Außerdem besteht die Möglichkeit mitzuteilen, welche Aussage z. B. gefehlt hat.

Möglichkeit B:
Schreibgespräch mit Plakaten, Flip-Charts, Tafeln o. Ä.

Es wird nicht gesprochen sondern nur geschrieben. Schriftliche Beiträge können von anderen kommentiert oder ergänzt werden.

Mögliche Überschriften für die Plakate:
So wird bei uns Gottes Liebe sichtbar.
Ich möchte Liebe zeigen, indem …
Bibelverse zum Thema Liebe
Liebe ist …

3. in Liebe

Der Grund und somit Fundament unseres liebevollen Handelns ist Gottes liebevolles Handeln an uns. Sein roter Faden der Liebe schlängelt sich auf allen Seiten durch die Bibel.

In einer Meditation mit der Überschrift „Gottes Liebe ist …" wird den Frauen Gottes Handeln an einzelnen Menschen, an Menschengruppen und allen, die zu ihm gehören, aufgezeigt.

Ruhige Instrumentalmusik bei angenehmer Beleuchtung prägt die Raumatmosphäre. Die Sätze werden langsam und mit Pausen zwischen den einzelnen Sätzen vorgelesen. Auch diese Liste soll ergänzt und dem Rahmen entsprechend angepasst werden.

Gottes Liebe zeigt sich in so vielem!
Er hat den Menschen nach seinem Bilde geschaffen.
Er hat die Welt so facettenreich geschaffen.
Er hat die Menschheit nie aufgegeben.
Er ist immer und überall für uns da.
Er ist gnädig.
Er vergibt gerne.

Er ist großzügig und beschenkt uns überreich.

Er liebt die Sünder.

Er leidet mit.

Er trägt uns.

Er ist in seinem Sohn Mensch geworden.

Er hat in Jesus den Tod durchlebt.

Er hat den Tod überwunden.

Er hat einen Platz für uns in der Ewigkeit.

Er hört unsere Gebete.

Er erhört unsere Gebete.

Er begabt Menschen.

Er ruft Menschen.

Wir haben sein Wort.

Er lässt uns nie alleine.

Er ist alle Tage bei uns.

Gott ist Liebe.

Kreativangebot

Aus Wollresten (möglichst in Rottönen) und mit passenden Häkelnadeln lässt sich mit Häkel-Grundkenntnissen innerhalb weniger Minuten ein kleines Herz herstellen.
Bildlich wird der rote Faden der Liebe Gottes durch den Menschen zu einem Herzen als Symbol der Liebe.

Die Anleitung dazu findet sich auf youtube: https://youtu.be/M1QCMqWJl5M

Man kann aber auch jede andere Anleitung für ein Häkelherz aus dem Netz benutzen.

Links für weitere Ideen:

Formschöne Fächerherzen: https://kreativ-welt.de/valentinstagskarte-und-papierherzen/

Herzgirlande: https://ellyshome.de/diy/diy-herz-girlande/21588/

LIEBT!

Ideen für die Gestaltung von mehreren aufeinander aufbauenden Hauskreisabenden

Charles R. Hackbarth

Hier wird das Thema „liebt!" in Verbindung mit der Geschichte aus 1 Mose 3 und dem Doppelgebot der Liebe aus Matthäus 22 erarbeitet. Untermalen und unterstützen sollen andere Bibelverse und Lieder, die mir begegnet sind.

1. Wenn es nicht in Liebe geschieht

Wir schauen uns die Welt an. Dieser Anblick kann uns zum Staunen bringen, aber auch deprimieren. Um Überblick zu gewinnen, schlage ich das Musikvideo „Astronaut"[20] von Sido und Andreas Bourani vor. Im Lied werden zwei Perspektiven eingenommen. Die, die wir auf der Erde haben und die, die ein Astronaut aus dem Weltall hat. Es gibt einen guten Einblick, wie unsere Welt aussieht und führt uns vor Augen, dass wir nicht alles haben bzw. dass uns vieles

---

20   Alle zitierten Ausschnitte wurden der Seite Songtext im Internet entnommen. https://www.songtexte.com/songtext/sido-feat-andreas-bourani/astronaut-73785ed5.html – gesehen am 03.04.2023.

fehlt – vor allem, dass unser Tun und Lassen in Liebe geschieht.

Ablauf

- Musikvideo anschauen
- Text ausdrucken, verteilen und durchgehen. Dabei wichtige Sätze markieren
- Austausch über den Text

Das Lied hat viele kurze und prägnante Sätze, die den Zustand unserer Welt (vielleicht auch unseren persönlichen Zustand) auf den Punkt bringen.

Fragen, die den Austausch unterstützen können:

- Welche Bilder im Musikvideo passen immer noch? (Das Lied ist von 2014.)
- In welchen Alltagssituationen erleben wir, dass die Menschlichkeit fehlt?
- Welches Wunder könnten wir verpasst haben?

Doch das Lied verweilt nicht bei dem, was alles schlecht oder böse ist. Durch eine Astronauten-Perspektive kommt der Autor zu einer Feststellung:

„Und beim Anblick dieser Schönheit fällt mir alles wieder ein: Sind wir nicht eigentlich am Leben, um zu lieben und zu sein?"

Wir sind am Leben, um zu lieben und um zu sein. Könnten diese zwei Sätze nicht auch ein Zitat von Jesus sein?

Ja! Ich stimme dem zu: wir sind am Leben, um zu lieben. Diese Erkenntnis und Basis für jede Beziehung ist so wichtig, dass Jesus selbst sie aufgreift und seinen Jünger als das wichtigste Gebot mitgegeben hat: „Du sollst den Herrn, deinen Gott, lieben, von ganzem Herzen, mit ganzer Seele und mit all deinen Gedanken. Das ist das erste und wichtigste Gebot. Ein weiteres ist genauso wichtig: Liebe deinen Nächsten, wie dich selbst."[21] (Matthäus 22,34-40)

Anders gesagt: Liebt! Gott, deinen Nächsten und dich selbst. Liebe ist in uns hineingelegt. Sie beschreibt viel mehr als ein Gefühl. Sie weist auf ein Grundbedürfnis aller Menschen hin. Wir sind darauf angewiesen, dass wir uns geliebt und gewollt wissen. Aber auch das Lieben ist in uns eingepflanzt. Ohne zu lieben gibt es keine Liebe. Wie würde die Welt aussehen, wenn wir anfangen würden, Gott, unsere Mitmenschen und uns selbst zu lieben? Mit dem Gebot der Liebe in Matthäus 22 greift Jesus das Geschehen in 1 Mose 3,1-24 auf. Die Geschichte in 1 Mose 3 hat mehrere Namen: Sündenfall, Der Mensch zerstört die Gemeinschaft mit Gott, Der Mensch fliegt aus dem Paradies raus, Der Mann und die Frau sündigen. Ich nenne sie: Der Tag, an dem der Mensch den Stecker zog. Oder auch: der Tag, an dem der Mensch sich disconnected hat. Diese Geschichte wirft viele Fragen auf. Ich kann hier nicht auf alle eingehen. Also fokussieren wir uns auf das, was uns in Bezug auf das Thema „liebt!" weiterbringt.

---

21   Bei allen Bibelversen zitiere ich aus der Bibel Neues Leben.

Kurze Zusammenfassung bis hier:

- Das Lied Astronaut führt mit Bildern und Text vor Augen, wie die Welt aussieht: an vielen Stellen lieblos.
- Das kann doch nicht die Ausgangsidee sein. Sind wir nicht am Leben, um zu lieben?
- Ja – das sagt auch Jesus: Liebt Gott, eure Mitmenschen und euch selbst.
- Warum ist die Welt so, wie das Musikvideo sie darstellt? Warum fällt es uns so schwer, alles in Liebe geschehen zu lassen?
- Um das herauszufinden, schauen wir uns die Geschichte aus 1 Mose 3 an.

Was geschah an dem Tag, an dem der Mensch den Stecker zog? Ich habe drei Punkte, die ich als drei Brüche darstellen möchte.

Vorgehen im Hauskreis:
Den Text aus 1 Mose 3 gemeinsam lesen.

Methodik: Um das Miteinander zwischen Menschen und Gott, sich selbst und anderen/Umwelt bildlich darzustel-

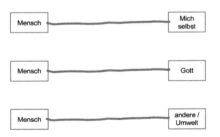

114

len, lege ich drei Schnüre in die Mitte. An der einen Seite jeder Schnur klebe ich ein Blatt fest, worauf „Mensch" steht und an der anderen Seite jeweils Gott, mich selbst und andere bzw. die Umwelt:

Mit jedem Punkt, den wir jetzt durchgehen, wird die jeweilige Schnur mit einer Schere durchschnitten, um deutlich zu machen, dass es einen Bruch gab. Ich gebe zu, jeder Punkt könnte einen eigenen Abend für sich in Anspruch nehmen. (Vielleicht ist das eine gute Idee!)

Die Brüche – An dem Tag, an dem der Mensch den Stecker zog, wurde er:

1. disconnected von sich selbst: *„In diesem Augenblick wurden den beiden die Augen geöffnet und sie bemerkten, dass sie nackt waren. Deshalb flochten sie Feigenblätter zusammen und machten sich Lendenschurze."* 1. Mose 3,7

Nachdem Eva und Adam von der Frucht gegessen hatten, kam der erste Bruch. Sie merkten plötzlich, dass sie nackt waren und flickten Feigenblätter zusammen, um sich zu bedecken. Davor machte es ihnen nichts aus, nackt zu sein. Jetzt haben sie ein Gefühl bekommen, das wir alle kennen: das **Schamgefühl**. Es entstand ein Bruch in ihrer Identität. Sie erlebten Scham, sie schämten sich und ihr Aussehen war nicht mehr in Ordnung für sie. Das war der erste Bruch – der Bruch mit sich selbst.

Fragen zum Austausch:

- Wo oder wie erleben wir, dass es einen Bruch in unserer Identität gibt? An dieser Stelle kann nochmal Bezug auf das Musikvideo „Astronaut" genommen werden. Wo wird es in der Gesellschaft deutlich, dass Menschen es schwer haben, sich selbst zu lieben?

- Was liebst du an dir selbst nicht? Was hast du schonmal an dir selbst nicht geliebt. Jeder hat ein wenig Zeit, um auf einen Zettel etwas zu schreiben. Falls es möglich ist, dann darüber in den Austausch gehen.

2. disconnected von Gott: *„Als es am Abend kühl wurde, hörten sie Gott, den Herrn, im Garten umhergehen. Da versteckten sie sich zwischen den Bäumen. Gott, der Herr rief nach Adam: ‚Wo bist du?' Adam antwortet: ‚Als ich deine Schritte im Garten hörte, habe ich mich versteckt. Ich hatte Angst, weil ich nackt bin.'"* 1. Mose 3,8-10

Gott schuf den Menschen als sein Ebenbild. Kein Abbild – das wäre eine Kopie. Ebenbild steht für ein Gegenüber. Ein Ansprechpartner. Gott wollte Menschen schaffen, die mit ihm in Beziehung treten. Aber ab jetzt muss Gott den Menschen suchen. Adam! Adam! Adam! Gott spaziert durch den Garten und hier erfahren wir, das Zweite, was passiert ist – der Mensch wurde disconnected von Gott. Adam und Eva verstecken sich. Hier kommen jetzt **Angst und Misstrauen** ins Spiel. Sie haben das erste Mal Angst vor Gott. Die Beziehung hat einen Knacks bekommen. Einen Riss. Der Mensch beginnt, sich zu distanzieren. Die Menschen, die einst in Vertrautheit mit Gott lebten, müssen sich jetzt verstecken. Die Liebe zu Gott erlitt einen Bruch. Das war der zweite – der Bruch mit Gott.

Fragen zum Austausch:

- Wo erleben wir, dass es einen Bruch zwischen den Menschen und Gott gibt?
- Was fällt mir schwer, zu verstehen und zu akzeptieren, wenn es um Gott geht?
- Habe ich auch Angst vor Gott?
- Gab es bei dir auch schonmal Situationen, da hättest du dich gerne vor Gott versteckt?

3. disconnected von den Mitmenschen / der Umwelt: „‚Wer hat dir gesagt, dass du nackt bist?‘, fragte Gott, der HERR. ‚Hast du etwa von den verbotenen Früchten gegessen?‘ ‚Die Frau‘, antwortete Adam, ‚die du mir zur Seite gestellt hast, gab mir die Frucht. Und deshalb habe ich davon gegessen.‘ Da fragte Gott, der HERR, die Frau: ‚Was hast du da getan?‘ ‚Die Schlange verleitete mich dazu‘, antwortete sie. ‚Deshalb aß ich von der Frucht.‘“ 1. Mose 3,11-13

Hier beginnt etwas, was wir alle kennen – **Schuldverschiebung!** Anstatt seine Schuld einzusehen, schiebt Adam die Schuld auf Eva. Es gibt aber einen Nebensatz: „Die Frau, die du mir zur Seite gestellt hast.“ Also du, Gott – du bist eigentlich schuld. Auch Eva schafft es nicht, die Wahrheit zu sagen und schiebt die Schuld auf die Schlange. Hier beginnt etwas Zerstörerisches im Miteinander – alle waren es und keiner will es gewesen sein. Der Bruch mit meinem Mitmenschen.

Fragen zum Austausch:
- Wo erleben wir, dass es einen Bruch zwischen den Menschen und anderen bzw. der Umwelt gibt? Hier gibt es viele Bespiele: Krieg, Klimakrise, Erbstreit, usw.
- Warum fällt es Menschen schwer, Schuld zuzugeben bzw. sich einzugestehen?
- Wo fällt euch das Miteinander mit anderen schwer?

Zusammenfassung der drei Brüche

Die Folgen dieser Brüche erleben wir bis heute. Es fällt uns schwer, Gott zu lieben, ihm zu vertrauen und ihn als einen liebenden Vater anzuerkennen. Es fällt uns schwer, unsere Mitmenschen zu lieben, die Umwelt zu bewahren und es fällt uns schwer, uns selbst zu akzeptieren und zu lieben, so wir sind. Diese Not sieht auch Gott. Er weiß, wie schwer wir uns damit tun. Mit dem Gebot der Liebe spricht er hinein in die Brüche unserer Beziehungen. Hier geht es aber nicht um ein Gebot mehr, das Christ:innen befolgen sollten. Hier geht es um das Fundament jeder Beziehung.

Methodik: Vor Augen habt ihr jetzt drei Schnüre, die gerissen sind. Lest die Verse aus Matthäus 22,34-40 nochmal vor und legt auf jeden Bruch / Riss ein Herz.

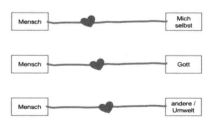

2. Liebt!

Was ist Liebe für mich? Ich wähle hierzu das Lied von Bausa *„Was du Liebe nennst"*. Das Lied ist bei vielen bekannt und beliebt. Doch es führt uns etwas vor Augen, das mit Liebe nun wirklich nichts zu tun hat.

Impulsfragen für die Arbeit mit dem Lied „Was du Liebe nennst" von Bausa:

- Wo/wie erlebst du Liebe in deinem Alltag?
- Wo suchst du nach Liebe?
- Was lässt du dir als „Liebe" verkaufen, das gar keine echte Liebe ist?
- Bei welchen Dingen tust du so, als sei es Liebe, einfach weil es sich gut anfühlt?

Was das Lied Liebe nennt, ist Meilen davon entfernt, was Jesus Liebe nennt. Im Lied geht es nur um die Liebe, die ich für einen bestimmten Preis bekommen kann. Die Liebe, die ich will, weil ich der Meinung bin, dass ich sie brauche. Und auch, wenn das gar keine Liebe ist: Hauptsache ich bekomme sie. Das Lied spricht eine reale Sehnsucht an. Wir alle sehnen uns nach einer Liebe, die unser Innerstes füllt. Auch wenn das, was wir bekommen nur für den Moment guttut, nennen wir es Liebe, auch, wenn es keine Liebe ist. Wir möchten mehr Liebe. Und wir werden in unserem Leben immer weiterrennen, suchen, uns teilweise verbiegen, verstellen und wieder weiterrennen, weil wir so dringend mehr Liebe brauchen. Wenn Menschen die Sehnsucht nach Liebe mit Dingen füllen, die nicht Liebe sind, dann kommt dabei das heraus, was wir im Musikvideo „Astronaut" gesehen haben.

Methodik 1: Jesus gibt mir mehr als das, was ich so Liebe nenne.

Frage für den Austausch: Was nennt Jesus Liebe? Auf der Suche nach Antworten könnten folgende Bibelverse hilfreich sein: Lukas 15, 4-7. 11-32, Lukas 19,1-10, Johannes 3,16, Johannes 15,13, 1 Korinther 13,12, 1 Johannes 4,7-21 usw. Eine mögliche Antwort auf die Frage:

- Die Wahrheit sagen.
- Sehnsucht anschauen und nicht mit hohlem Zeugs füllen.
- Hoffnung annehmen, dass ich nicht verloren bin.
- Einen wahren Freund haben in meiner Einsamkeit.
- Gewissheit haben, dass Jesus mich so sehr liebt, dass er für mich stirbt.
- Das Wissen haben, dass ich bei Jesus ankommen werde.
- Bei Jesus erlebe ich wirkliche Liebe, wirkliches Vertrauen, wirkliches Zuhause-Sein, wirkliches Gesehen-Werden.

So eine Liebe stellt uns die Bibel vor.

Methodik 2: Das Bild von Punkt eins wird jetzt noch ein letztes Mal ergänzt.

Weil Jesus am Kreuz starb, ist der Weg zu Gott frei. Der Vorhang ist zerrissen und dadurch wurde der Riss/Bruch zwischen Gott und mir aufgehoben. Es gibt Versöhnung mit Gott, mit meinen Mitmenschen und mit mir selbst. Diese Brüche können immer noch mein Leben beeinflus-

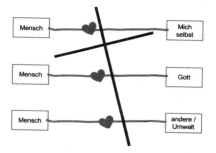

sen und manchmal schwer machen, aber sie müssen es nicht mehr bestimmen.

Das Lied „Dafür steht das Kreuz" bringt es auf den Punkt. *Das Lied wird gemeinsam gesungen oder angehört.*[22]

An dieser Stelle können wir uns konkreten Schritten zuwenden, die uns helfen, zu lieben. Die Jahreslosung lässt nichts aus: *„Alles, was ihr tut, soll in Liebe geschehen."* *1 Korinther 16,14.*

3. Konkrete Schritte der Liebe

Ein Blick auf den Vers vor der Jahreslosung kann hierbei hilfreich sein. Da heißt es: *„Seid wachsam. Haltet treu an dem fest, was ihr glaubt. Seid mutig und stark."* *1 Korinther 16,13*

Impulsfragen für den Austausch:
- Wie können wir im Alltag wachsam sein, sodass unser Tun und Lassen in Liebe geschieht?

---

22 Samba, Sam und Schweitzer, David, Feiert Jesus 5, 45.

- Der Glaube an Jesus, also meine Beziehung zu ihm kann mir helfen zu lieben. Was passiert, wenn ich an dieser Beziehung zu Jesus treu festhalte? Was verändert sich bei mir? Hier könnten Erfahrungen ausgetauscht werden.
- Manchmal brauchen wir, um lieben zu können und um etwas aus Liebe zu tun, Mut und Stärke. Wie können wir mutig werden? Wo holen wir uns Stärke?
- Wie und wo können wir uns gegenseitig unterstützen, zu lieben?

Eine weitere Idee

Die Gruppe entwickelt zusammen eine Aktion unter dem Thema „Liebe weitergeben" und setzt diese in der nächsten Woche und im nächsten Monat um. Daraus kann auch eine Reihe an Themen entstehen, die im Hauskreis behandelt werden können:

Liebe weitergeben ...
... weil Gott sie in uns hineingelegt hat.
  – Wir können lieben! Die Welt braucht Liebe! Lasst uns aktiv werden!

... mit Geld und praktischer Hilfe.
  – Wie und wo können wir praktische Hilfe oder Spenden anbieten?

... mit Worten.
  – Lasst uns auf unser Reden achten und durch unsere Worte Menschen aufbauen, beleben, weiterhelfen und positiv prägen. (Sprüche 15,4 und Epheser 4,29)

Gott will unser Bestes. Er ist für uns. Er braucht uns nicht. Doch er entschied sich dafür, uns einzusetzen, damit die Welt seine Liebe erfährt. Sind wir nicht am Leben, um zu lieben und zu sein? Oh ja – sowas von!

IN LIEBE

Bausteine für einen (Familien-)Gottesdienst

Christiane Hambsch

„Liebe" – das ist ein großes Thema für einen Gottesdienst: wunderschön und sehr komplex. Schon aus biblisch-theologischer Sicht ist „Liebe" fundamental und vielschichtig – aber im Gegensatz zu vielen anderen theologischen Themen haben bei „Liebe" alle Menschen auch sofort eigene lebensbezogene Vorstellungen. Jeder Mensch, egal wie alt, hat mit Liebe schon Erfahrungen gemacht: im Guten, oft genug auch im Schlechten. Und es ist sehr unterschiedlich, was wir als Liebeszeichen oder Liebesbeweis verstehen. Es gibt verschiedene Sprachen der Liebe, das hat nicht erst Gary Chapman entdeckt.

Für uns als Christen-Menschen ist Jesus Gottes Liebe, *die* Liebe in Person. Wir können davon ausgehen: Er liebt uns tiefer, als wir uns das je vorstellen können. Alles, was er tut, geschieht in Liebe, er spricht alle ihre Sprachen. Und wir können lieben, weil er uns zuerst geliebt hat (1 Joh 4,19).

Hier sind Basis-Vorschläge für einen Gottesdienst zum Thema „In Liebe", der für verschiedene Zielgruppen oder Anlässe ausgestaltet werden kann.

Das Thema wird in zwei Richtungen entfaltet:

„In Liebe" – die Zusage: Du bist von Jesus unendlich geliebt!

„In Liebe" – die Herausforderung: „Alles, was ihr tut, geschehe in Liebe!"

Man kann damit einfach einen Gottesdienst zur Jahreslosung feiern. Man kann aber auch zu einem Familiengottesdienst einladen oder zu einem Gottesdienst am Valentinstag. Je nachdem wird man dann die Beispiele, Bilder und Texte entsprechend anpassen oder aussuchen.

Passend zur Vielfalt des Themas sollen verschiedene Zugänge geöffnet werden, um Menschen möglichst ganzheitlich anzusprechen. Deshalb gibt es Elemente zum Anschauen, zum Hören, zum Mitmachen und Sich-berühren-Lassen und etwas zum Mitnehmen.

Ich schlage vor, im Anfangs- und Schlussteil die Zusage von Jesus und im Mittelteil die Herausforderung an uns zu thematisieren.

Die Zwischen- und Überleitungstexte sind nur als Anregungen gedacht. Die einzelnen Elemente kann man zusammenstellen, wie es für die eigene Gemeinde oder Gottesdienstgruppe passend ist.

Vieles kann man vorher mit einer Gruppe zusammen vorbereiten (Kinder, Jugendliche, Paare, Senioren …), von denen dann wer mag und kann auch im Gottesdienst aktiv mitmacht.

Menschen mit einer Begrüßungsgabe können schon beim Hereinkommen für eine herzliche und liebevolle Atmosphäre sorgen. Und je nach räumlichen Möglichkeiten können natürlich auch eine besondere Sitzanordnung und Dekoration dazu beitragen.

A: Einstimmung ins Thema

Persönliche Äußerungen von möglichst verschiedenen Menschen / in möglichst verschiedene Richtungen:

vorher aufgenommen und geschnitten als Video- oder Audioclip oder live (und vorher abgesprochen) im Gottesdienst.

Man kann für beides jemanden Fragen stellen lassen, oder die Leute sprechen einfach direkt.

„Was ist für dich / Sie ein besonderer Liebesbeweis?"

„Wann fühlen Sie sich / fühlst du dich von jemand geliebt?"

„Wenn ich jemand liebe, dann …"

„Ich zeige anderen meine Liebe am meisten dadurch, dass ich …"

„Wann fühlst du / fühlen Sie am meisten, dass deine / Ihre Eltern / Geschwister dich / Sie liebhaben?"

Wir brauchen Liebe. Das ist klar. Ohne können wir nicht leben. Wir sind „Liebewesen".

Aber wir brauchen nicht alle die gleiche Art von Liebe. Das ist manchmal, als sprechen wir verschiedene Sprachen.

Beispiel von „misslungener" Liebessprache … (zur Zielgruppe passend aussuchen, an Aussagen von vorher anknüpfen. Z. B.: Luis bekommt von seinen Eltern richtig viel geschenkt, er wünscht sich aber eigentlich so sehr, dass sie mehr Zeit mit ihm verbringen würden …)

Einer spricht alle Sprachen der Welt, er versteht auch alle Arten von Liebe: Jesus.

Er liebt jeden und jede einzelne hier. Unendlich viel mehr, als wir uns das vorstellen können.

B: „In Liebe" – die Zusage: Du bist von Jesus unendlich geliebt!

Hier sind verschiedene Möglichkeiten, die eingesetzt werden können:

Eher für den Anfangsteil:
- Musikvideo: „When love sees you" (The Story, Mac Powell)

Es ist wichtig, vorher etwas zum Text zu sagen und/oder eine Übersetzung vorzulesen.

Man kann auch die Übersetzung parallel zum Video ins Mikro sprechen.

- Präsentation mit Zusage-Versen oder -Texten und Bildern, dazu Musik

  Die Verse/Texte von Einzelnen vorlesen lassen (in der Regel gibt es immer Menschen im Gottesdienst, die nicht gut oder schnell genug lesen können).

  Bilder und Verse kann man vorher mit einer Gruppe aussuchen und zusammenstellen. Es können Bibelverse sein wie Jes 43,1 oder Liedzitate („Du bist ein Gedanke Gottes"). Man kann natürlich auch Bilder malen lassen und als Fotos in die Präsentation einfügen. Man kann Bilder mit Symbolen verwenden (z. B. zu „Deine Liebe ist die Sonne, von der wir leben" Ps 36,10 GN) oder Bilder mit Szenen (Umarmung etc.).

Bei Plattformen wie pixabay.com oder unsplash.com gibt es lizenzfreie Bilder, die man nach Stichworten suchen und verwenden kann.

- 1 Kor 13,4-7 lesen (z. B. aus der Guten Nachricht), für „Liebe" immer „Jesus" einsetzen
  Auch hier kurz einleiten und erklären, vielleicht mehrere lesen lassen.

Eher für den Schlussteil:

- Karten mit Zusagen (oder kurze „Briefe von Jesus" oder kleine Gegenstände wie Herzen / Herzsteine etc.) verteilen oder vorher verdeckt auf den Plätzen auslegen und jetzt die Leute einander weitergeben lassen: Z. B. an die Person, die links neben einem sitzt etc. Wenn das für die Zielgruppe passt, kann man auch dazu etwas Kurzes sagen lassen: „Von Jesus für dich!" o. Ä. *Es kann auch hier eine Gruppe vorher etwas selbst machen / beschriften / gestalten, das dann verteilt wird.*
- Möglichkeit, sich persönlich segnen zu lassen, dabei Lieder oder Musik.
  Einladen, über eine Berührung beim Segen zu spüren: Jesus meint wirklich mich. Er liebt mich und gibt mir Kraft.
  Menschen, die segnen, sind hinten im Raum. Sie legen denen, die kommen, die Hand auf die Schulter und sprechen einen kurzen Segen, z. B.: „Jesus segne dich mit der Kraft seiner Liebe!" Sie können auch nach dem Namen fragen und dann mit Namensnennung segnen.
- Beim Schlusssegen fassen sich alle an den Händen.

Oder man legt eine Hand auf die Schulter von dem Menschen, der neben einem steht, die andere Hand ist geöffnet vor einem: berührt werden, Segen / Liebe empfangen und weitergeben. Wenn es passt, kann man dazu einen großen Kreis bilden.

C: „In Liebe" – die Herausforderung: „Alles, was ihr tut, geschehe in Liebe!"

Input- / Predigt-Ideen

Auch dieser Abschnitt ist nur als Anregung gedacht. Je nach Zielgruppe und Gottesdienstsetting ist hier vieles möglich: Klassische Auslegung zu 1 Kor 16,14, ein Input für Paare, für Jugendliche … Beispiele, Zielsätze, etc. müssen dann passend ausgesucht werden.

Man kann auch überlegen, auf die „5 Sprachen der Liebe" ausführlicher einzugehen.

Oder man kann eine Zeit geben, in der alle konkret überlegen können, wer in ihrer Umgebung gerade Liebe braucht.

Das ist unglaublich! Wir sind von Jesus geliebt! Bedingungslos und für immer.

Aber jetzt wird's etwas unbequem …

Jesus will, dass wir seine Art Sprache lernen. Nein, nicht Hebräisch oder Aramäisch …

„Alles, was ihr tut, geschehe *in Liebe!*": In oder auf „Jesuanisch" sozusagen.

Er denkt, wir können das! Wir sind Gottes Ebenbilder, wir haben die Fähigkeit zu lieben!

Eine ganz wichtige Sache sehen wir uns heute an. Es

gibt etwas ganz Großartiges, das wir von Jesus lernen können, damit das, was wir tun „in Liebe" geschieht!

Es ist eine ganz einfache Frage: Was braucht jemand?

Nicht: Wie *finde* ich die? Sondern: Was *braucht* sie?

Nicht: Was würde *mir* jetzt helfen? Sondern: Was hilft *ihm*?

Augen und Ohren auf, Hirn und Herz weit auf machen!

„In Liebe" heißt nicht immer: Jemanden umarmen. Es heißt auch nicht immer, „nett" sein oder Geschenke machen.

Liebe kommt an, wenn wir etwas bekommen, das wir wirklich brauchen. Wenn wir merken, jemand sieht mich und versteht, was mir fehlt. Das heißt, „in Liebe": ganz verschieden, auf viele Arten.

Wie sieht das bei Jesus aus? Vier Beispiele:

Man kann dafür jeweils einen Gegenstand oder ein Bild benutzen, Stichworte auf eine Flipchart schreiben etc. In einem Familiengottesdienst könnte man z. B. Gegenstände auf vier Hocker legen, mit einem Tuch bedecken und nach und nach die Tücher aufdecken.

Natürlich kann man auch andere Beispiele aussuchen oder nur einen Teil verwenden. Wenn man nur eine oder zwei exemplarische Geschichten auswählt, kann man sie auch als Theaterszene oder pantomimisch darstellen lassen.

- **Jesus nimmt Kinder in den Arm** (Mk 10,13-16)
  Kinder hatten damals keine Rechte. Sie wurden nicht gefragt, was sie wollten.

  Jesus zeigt ihnen: Ihr seid mir wichtig! Er sagt sogar Erwachsenen: Werdet wie sie!

  Und dann nimmt er sie in die Arme und segnet sie. So

können sie richtig merken: Er hat uns lieb! *Möglicher Gegenstand: Herz(kissen) mit Händen / offenen Armen*

- **Jesus ist der Einzige, der die Frau nicht anstarrt** (Joh 7,53-8,11)

  Alle stehen um sie herum. Sie hat etwas gemacht, das falsch ist. Alle starren sie an.

  Nur Jesus nicht. Er sieht auf den Boden und schreibt mit dem Finger auf die Erde.

  Erst als alle gegangen sind, spricht er die Frau an und macht ihr ein riesiges Geschenk: Vergebung. Er hat sie aus Liebe erst nicht angeguckt, und ihr danach dann Liebe und Vergebung geschenkt. *Möglicher Gegenstand: Dunkle Brille*

- **Jesus nimmt sich Zeit für jemand** (Lk 19,1-10)

  Zachäus wollte auch nicht angestarrt werden. Er versteckt sich im Baum. Aber als er merkt, Jesus sieht mich, er kennt meinen Namen, ist er froh. Und mit ihm verbringt Jesus Zeit zusammen. Das ändert für Zachäus alles. Und er ändert sein Leben.

  Möglicher Gegenstand: Uhr

- **Jesus ist nicht nett** (Mk 10,17-27)

  Einen Mann hat Jesus lieb, aber er sagt etwas zu ihm, was der Mann gar nicht hören will. Es hört sich nicht nett an: Verkauf alles, was du hast, und gib das Geld den Armen. Das sagt Jesus nicht zu jedem. Zu Zachäus hat er es nicht gesagt. Aber Jesus weiß, dass das genau das ist, was der Mann braucht. Ihm fehlt genau das: sein Geld loszulassen.

  Möglicher Gegenstand: Sprechblase mit Ausrufezeichen

Was brauchen die Leute um mich herum, die Menschen, mit denen ich zusammenkomme?

Manchmal, dass ich genau hinschaue, manchmal vielleicht, dass ich jemanden nicht anstarre. Manchmal brauchen sie es, dass jemand Zeit mit ihnen verbringt.

Manchmal hilft jemandem eine klare Ansage, manchmal eine Umarmung ohne Worte, manchmal Vergebung.

Jesus weiß das immer, weil er unser Herz kennt und uns versteht, wie niemand sonst.

Das ist bei uns anders. Aber wir können dazulernen.

Statt zu überlegen, wie ich jemand finde, nett oder blöd, könnte ich mich fragen, was er oder sie gerade wirklich braucht. Oder die Person selbst fragen! – Hat Jesus auch manchmal gemacht: Was soll ich für dich tun? (Mk 10,51) – Fragen: Was hilft dir jetzt? – Ist oft so viel besser und liebevoller, als „draufloszuhelfen"! Was mir helfen würde, hilft anderen ja gar nicht immer. Und was ich mir wünschen würde, ist nicht immer das, wonach mein Gegenüber sich sehnt.

Vielleicht gibt es auch Fälle, wo ich die falsche Person bin und besser jemand anderen dazuhole. Oder ich muss mich mit Menschen aussprechen, mit denen ich zusammen lebe, und wir müssen zusammen herausfinden, wie wir uns besser verstehen und Liebe zeigen können.

Tut das doch nachher mal! Das funktioniert in vielen Familien, Partnerschaften und Freundschaften nämlich nicht einfach automatisch…

Jesus spricht alle Sprachen der Liebe – und wir können von ihm lernen, immer mehr „in Liebe" zu tun. Das ist echt anstrengend, und das ist echt großartig. Das kann für Menschen, die dir begegnen, die Welt verändern!

Lied-Ideen

Nur eine ganz kleine Auswahl, zum Thema „Liebe" gibt es ja unendlich viel …

- Du tust
- Ich bin bei dir
- One thing remains / Wer liebt so wie du
- Vater, deine Liebe
- Wohin sonst
- Befreit durch deine Gnade
- Ins Wasser fällt ein Stein
- Mit weitem Horizont
- Gut, dass wir einander haben

Mit Kindern:

- Gottes Liebe ist so wunderbar (mit Bewegungen)
- Nur deine Liebe, Herr (mit Bewegungen)

Möglicher Ablauf

Musik

Begrüßung und Votum

Einstimmung ins Thema (s. A)

Lied

Gebet

Bilder und Zusage-Texte, dazu Musik (s. B)

Lied

Input/Predigt mit Aktion (s. C)

Lied(er) und Möglichkeit, sich persönlich segnen zu lassen (s. B)

Gebet (Fürbitte, Unser-Vater)

Segen für alle (s. B)

Mitgebsel an Nebenmenschen weitergeben lassen (dazu Musik) (s. B)

Lied(strophe)

Verabschiedung

Musik

Lyrisches

PREDIGT

Gehalten am 16. Februar 2023 in der Kaiser-Wilhelm-Gedächtniskirche, Berlin

Christian Stäblein

Wir hören die Worte zur Predigt für den kommenden Sonntag Estomihi – und irgendwie natürlich auch für den vorgestrigen Valentinstag – aufgezeichnet im Brief des Paulus an die Gemeinde in Korinth im 13. Kapitel, ich erweitere um wenige Verse nach vorne (Kap. 12, 29-31): Sind sie denn alle Apostel? Sind sie alle Propheten? Sind sie alle Lehrer? Haben sie alle die Kraft, Wunder zu tun, haben sie alle Gaben, gesund zu machen? Reden sie alle in Zungen? Können sie alle auslegen? Strebt aber nach den größeren Gaben! Und ich will euch einen noch besseren Weg zeigen.

Wenn ich mit Menschen- und mit Engelzungen redete und hätte der Liebe nicht, so wäre ich ein tönendes Erz oder eine klingende Schelle. Und wenn ich prophetisch reden könnte und wüsste alle Geheimnisse und alle Erkenntnis und hätte allen Glauben, sodass ich Berge versetzen könnte, und hätte der Liebe nicht, so wäre ich nichts. Und wenn ich alle meine Habe den Armen gäbe und meinen Leib dahingäbe, mich zu rühmen, und hätte der Liebe nicht, so wäre mir's nichts nütze.

Die Liebe ist langmütig und freundlich, die Liebe eifert nicht, die Liebe treibt nicht Mutwillen, sie bläht sich nicht auf. Sie verhält sich nicht ungehörig, sie sucht nicht das Ihre, sie lässt sich nicht erbittern, sie rechnet das Böse nicht zu, sie freut sich nicht über die Ungerechtigkeit, sie freut sich aber an der Wahrheit; sie erträgt alles, sie glaubt alles, sie hofft alles, sie duldet alles. Die Liebe höret nimmer auf, wo doch das prophetische Reden aufhören wird und das Zungenreden aufhören wird und die Erkenntnis aufhören wird. Denn unser Wissen ist Stückwerk und unser prophetisches Reden ist Stückwerk. Wenn aber kommen wird das Vollkommene, so wird das Stückwerk aufhören. (…)

Wir sehen jetzt durch einen Spiegel in einem dunklen Bild; dann aber von Angesicht zu Angesicht. Jetzt erkenne ich stückweise; dann aber werde ich erkennen, gleichwie ich erkannt bin. Nun aber bleiben Glaube, Hoffnung, Liebe, diese drei; aber die Liebe ist die größte unter ihnen.

Liebe Gemeinde, liebe Geschwister,

aber die Liebe – diese drei markanten Worte aus dem letzten Vers wären fast die Losung für den Kirchentag hier in Berlin 2017 geworden. *Aber die Liebe* – ich war sehr für diesen in der Verkürzung durchaus frech anmutenden Slogan: anschlussfähig, wie man heute so schön sagt, und doch eigen. *Aber die Liebe.* Hätte man nur noch ein Berliner „Wa, die Liebe" anhängen müssen. Aber „wa" – hätte hätte Fahrradkette.

Die Wahl zerrann in den Ambivalenzen, die uns so schnell befallen bei dem Wort Liebe: Über nichts lässt sich so viel und so viel Großes sagen wie über eben sie – Rausch und Traum, jeder und jedem fallen gleich ein paar Hochzeiten dazu ein, wo das Paar ganz im Bann dieses Gefühls entschlossen und wild den Weg beschreitet. Und nur wenige Worte neigen auch dazu, so leer zu werden wie das Wort Liebe, nicht nur für jene Paare, wo aus Traum bald Trauma geworden, da besonders, aber auch sonst.

Die Liebe, die Liebe, die Liebe – ist, was es ist, frei nach Erich Fried und wer meint, er oder sie könne sie in Worte bannen, öffnen, handhabbar machen, sitzt jenem Problem auf, dass sich immer einstellt, wenn Wort und Haltung verwechselt werden. Kaum ein Wort, das so sehr darauf angewiesen ist, dass es sich übersetzt in Haltung. Eine Schwierigkeit, die wir Evangelischen ja schnell haben: Reden über etwas mit Haltung und Tun verwechseln. So geht es uns bei Kirchenreformen, von denen wir immer wieder meinen, indem wir gesagt oder aufgeschrieben hätten, seien sie schon erfolgt. Sind sie aber nicht. Und so ergeht es leicht der Liebe, die so schrecklich leer, geradezu zum Gespenst oder zum Horror werden kann, wenn sie beredet, aber nicht getan wird.

Die meisten, die auf 1 Korinther 13 stoßen, spüren die Ambivalenz dieses Wortes zwischen Traum und Leere. Deshalb ist es gut, dass wir es hier mit einem Lied zu tun haben, mit Poesie. Liebeslieder, Lieder über die Liebe kann es gar nicht genug geben, im Grunde sind fast alle Lieder Liebeslieder.

Vielleicht lässt sich ganz eigentlich nur so die Differenz zwischen Wort und Realität aushalten: gesungen, gedichtet höret sie niemals auf. Ein Grand Prix geht immer noch mit Liebe, hat uns schon Lena Meyer-Landrut vorgeführt – inzwischen 13 Jahre her. Die Liebe bleibt der Stern im Lied, und wir der Satellite. Ach, im Singen, zumal in fremder Sprache, kann ich rufen, schreien, tanzen, weinen, fühlen, was ich mir zu sagen vermutlich nicht trauen würde. Wie ein Satellit kreise ich ständig um dich herum. Und wenn ich dabei verglühe, wär's mir egal. Würde ich das auf Deutsch tanzen? Sich fremd werden dürfen hilft einer anderen Weise des Aus-sich-heraus-Gehens.

Das gilt übrigens am Grab mit der Auferstehung und dem festen Glauben daran nicht anders. Im Angesicht von tausenden Toten jeder Krise, mag ich die Hoffnung auf das Leben bei Gott beten und singen, bloß gesagt wird das womöglich hohl. Nur die Liebe ist stark wie der Tod – und für sie gilt dasselbe auf dieser Welt: gesungen, im Hohelied, lässt sie sich hören. Weshalb, Sie wissen das, Worte wie die aus 1. Korinther 13 nicht selten das Gefühl auslösen: wunderschön! Aber was willst du dazu noch sagen, ohne sie zu zerreden? Genau. Aber die Liebe ... erträgt alles, hofft alles, glaubt alles, erduldet alles ... auch das Reden.

Willst Du alldem entkommen, musst Du sie übersetzen, muss sie über setzen – darf es kein Reden über sie werden, sondern ein Reden, wie sie über setzt ins Leben. Auch ein zu großes Programm? Auch eine Überforderung für eine Predigt? Vermutlich ja. Weshalb ich mir erlaube, nicht beim Übersetzen der Liebe anzufangen, sondern mit dem kleinsten, hier im griechischen Original eng mit ihr verbundenen Wort de. Meizoon de toutoon hä agapä. Die Liebe ist die Größte unter ihnen. Und darin: de. Uns in der Übersetzung vertraut als *aber*. Aber. Nun, man kann de getrost auch anders über-setzen – und dazu will ich Ihnen in den nächsten 10 Minuten ein paar Angebote machen. In der Hoffnung, dass Sie sehen, wie sich so noch mal viele

Möglichkeiten eröffnen – nicht zuletzt dafür, wie wir die Liebe verstehen, diese Liebe.

Also: de – nicht aber, sondern wohl. Dann heißt der Satz: Nun wohl bleiben Glaube, Hoffnung, Liebe, diese drei. Die Liebe ist wohl die Größte unter ihnen. Das klingt schon weniger vollmundig, würde ich sagen. Weniger abgrenzend. Mehr tastend. Den Wunsch ausdrückend und im Sinn behaltend. Daher kommt wohl die Wortwurzel von wohl: dem Wunsche nach. Und dass es wohl werde, die Liebe.

Im letzten Jahr feierte die Diakonie 175jährigen Geburtstag, orientiert an der großen Rede von Johann Hinrich Wichern auf dem Wittenberger Kirchentag 1848, er hielt der Kirche und der Gesellschaft kollektives Versagen an der verarmten Bevölkerung vor und warb – in unserer Sprache heute – für ein rettendes Netzwerk der Liebe.

Aber die Liebe – das hätte schon damals die Losung über dieser natürlich noch ganz anders gearteten Versammlung zur Gründung eines evangelischen Kirchenbundes sein können. Aber die Liebe. Die Kampagne der Diakonie in diesem Jubiläumsjahr heißt großflächig: Hashtag aus Liebe. Da sieht man auf einem Plakat etwa eine Mutter mit sieben oder achtjährigem Kind, die Mutter mit zwei kleinen und einer großen Tasche. Daneben der Satz: Manchmal heißt Liebe, Raum zu geben. Hilfe bei Flucht und Migration, Hashtag aus Liebe. Es ist die notwendige Übersetzungsarbeit von „und wenn ich all meine Habe den Armen gäbe".

Ich denke an die Markus-Gemeinde unweit von hier in Steglitz, gleich in den ersten Kriegstagen haben sie aus ihrem großen, dreistöckigen Gemeindehaus eine Unterkunft für Geflüchtete gemacht. Vor allem vulnerable Gruppen sind dort zu Hause, bis heute – die, die mit Diabetes geflohen ist, und die, die hochschwanger angekommen ist. Manchmal heißt Liebe wohl genau das: Raum geben.

Auf einem anderen Plakat der Kampagne steht: Manchmal heißt Liebe, etwas aufs Spiel zu setzen. Man sieht einen älteren Mann mit einem Kind an einem großen Schachspiel. Im Hintergrund stehen die Freiwilligendienste, 700 000 ehrenamtlich Engagierte im Spielen, bei Hausaufgaben helfen, Senioren vorlesen. Es ist die notwendige Übersetzungsarbeit von „wüsste alle Geheimnisse und hätte alle Erkenntnis, so dass ich Berge versetzen könnte": für die da sein, die so schnell allein sind. Hashtag aus Liebe.

175 Jahre Diakonie. Notwendige Übersetzungsarbeit zum Wohl der Menschen, zum Wohl. Die Liebe ist wohl deshalb die Größte unter ihnen. Bei Weltverantwortung. Und Nächstenverantwortung.

De, nicht unbedingt aber, einfach ja, so ein Wir herstellendes, bestätigendes Ja. Dann heißt der Satz: Die Liebe ist ja die größte unter ihnen, und Berliner Bestätigung: ja, wa. Die Liebe ist ja die größte unter ihnen. Man findet ja zum Glück kaum jemanden, der das anders sieht – in der Mischung von Kirchenverständnis, Missionsauftrag und gesellschaftlicher Ausrichtung ist das oft genug das Bindeglied schlechthin. Ich will es nur an einem Bild festhalten, es gäbe unzählige dafür. Neulich waren sie bei mir alle noch mal zu Besuch von den verschiedenen Rettungsschiffen, die auf dem Mittelmeer und vor der Küste Afrikas fliehende Ertrinkende retten. Sea Eye, Sea Watch, United for Rescue.

Es sind zumeist ganz junge Menschen und sie sind einfach beseelt von der Liebe zum Menschen und dass man niemanden ertrinken lässt. Punkt. Und wenn ich all meine Habe den Armen gäbe und hätte die Liebe nicht. Wenn dann diese jungen Menschen da sitzen und von ihrem Dienst erzählen und – in aller Kirchenferne – sagen: gut, dass Sie als Kirche mit im Boot sind, das ist ganz wichtig, dann entsteht eine Gemeinschaft weit über die sichtbare Kirche hinaus. Die Liebe ist ja die größte unter ihnen. Ja.

Ja aber, werden Sie jetzt wohl denken, vielleicht schon längst. Ja, aber, denke auch ich. Es ist ja nicht die Liebe als ganz allgemeine, die hier von Paulus besungen wird, es ist ja doch die ganz spezielle, die fleischgewordene in Christus, die Liebe Gottes, die, die dann eben doch auch ein großes Aber zu dieser Welt ist, man lese nur den Katalog der mittleren Verse: Bläht sich nicht auf, eifert nicht, treibt nicht Mutwillen, verhält sich nicht ungehörig, lässt sich nicht erbittern, freut sich nicht an der Ungerechtigkeit. Sozusagen das Gegenprogramm zu dem, wie sich oft genug im entfesselten Empörungsraum Internet begegnet wird. Das große Aber, das nicht von dieser Welt ist, scheint, aber die Liebe zu sein: ganz allein in dem sichtbar, der der ganz andere ist und ganz der unsere geworden ist.

Aus der Spannung von Wort und Praxis, nicht zuletzt meiner, unserer eigenen, aus dieser Spannung führt ja nur Christus heraus, weshalb – andere Übersetzungsfrage, weshalb ich ein wenig mit der Eingangsformel hadere, die ich sehr liebe, aber die doch anders lauten müsste. Sie erinnern sich? Die Eingangsformel bei Paulus heißt, nachdem er im vorigen Kapitel über die verschiedenen Gaben und die Gabenaufteilung geredet hat, die Eingangsformel dieses Hoheliedes der Liebe lautet: Und ich will noch einen besseren Weg zeigen – den Weg der Liebe, den Weg Christi.

Im Original – verzeihen Sie, dass ich Sie heute mit Griechisch nerve – im Original heißt es da: hyperbolä. Das darf man wörtlich mit: einen darüber hinaus gehenden Weg, einen gleichnishaften Weg will ich euch zeigen übersetzen. Christus ist das Gleichnis für diesen besseren, aber nicht höheren, sondern niedrigeren Weg. Er ist diese Praxis selbst, bis ans Kreuz, bis in die Vergebung, die uns, die mich leben und lieben lässt.

Nun aber bleiben Glaube, Hoffnung, Liebe, diese drei. Aber die Liebe, ja doch wohl die, ist die Größte unter ihnen. Sie ist unser Wohl. Oder Berlinisch: Woll, ja, wa? Amen? Nicht ohne noch schnell darauf hinzuweisen, dass das doch irgendwie beruhigend ist, dass wenn der meist kirchenferne Berliner etwas zustimmt, er, ohne es zu wollen oder zu ahnen, dabei die göttliche Grundierung dieser Welt aufruft, ja, wa. Ja, wa. Die Liebe. Amen.

MAMALIEBE

Eine persönliche Geschichte über eine besondere Liebe

Dorothea Bronsema

Ich werde sie nicht vergessen, die beginnenden Stunden am 22.09.2015. Nach herausfordernden 9 Monaten und einer schweren Geburt, habe ich sie zum ersten Mal gesehen: meine Lotta – unser erstes Kind. Niemand konnte uns als Eltern vorbereiten auf das, was wir in diesem Moment fühlten. Es war Liebe auf den ersten Blick. Mag sein, dass das kitschig klingt, aber es ist wahr. Und das, obwohl, die Umstände nicht perfekt waren.

Unser Baby hat sich in diese Welt gekämpft und kam nicht zurecht. In der ersten Sekunde, als ich sie sah, spürte ich intuitiv sofort, dass etwas nicht stimmt. Ihr Zustand war so schlecht, dass sie einige Stunden nach der Geburt, ohne mich, in ein anderes Klinikum verlegt werden musste. Niemand konnte uns wirklich sagen, was jetzt auf uns wartet. Ich wusste: Ich liebe sie. So sehr, wie ich noch nichts auf dieser Welt geliebt habe. Ich wäre bereit, ALLES, aber auch wirklich alles für sie zu geben. Dieses kleine Wesen, das ich noch nicht einmal richtig kannte, hat etwas in mir bewegt, dass ich so noch nie erlebt habe. Mein frisch erwachtes Mamaherz zersprang in 1000 Teile, als man mein Kind, nur bekleidet mit einer Windel und einer Mütze, in einem beheizten Glaswagen davonfuhr. Niemand konnte sie begleiten. Auch mein Mann hat sie erst Stunden später besuchen dürfen.

Innerhalb von wenigen Stunden hielt ich das größte Glück in den Händen und sah es wieder davonfahren. Ich konnte nichts tun. Nicht einmal aufstehen. Ich musste mein Kind loslassen und habe damals eine Ahnung davon bekommen, dass die Liebe einer Mutter durch das Leben eines Kindes hindurch genau das tun muss – loslassen. Am Tag der Geburt meines Kindes saß ich allein im Krankenhaus und konnte gar nicht recht fassen, was da geschehen war.

Diese Begegnung hat mein Leben verändert, mein Verständnis von Liebe völlig revolutioniert. Auch mein Bild von Gott wurde umgekrempelt, dem wir ja zuschreiben, dass er LIEBE ist und der scheinbar etwas in uns Mütter gelegt hat – eine Kraft zu lieben und zu kämpfen. Ich bekam eine leise Ahnung von dem, was er wohl empfinden muss, für jeden und ich meine wirklich jeden Menschen. Er hat uns erfunden und erdacht. Wir sind seine Schöpfung. Seine Kinder. Ich habe neu verstanden, was für eine Kraft die Liebe ist: dass sie uns befähigt, auch die härtesten Wegstrecken des Lebens zu gehen. Weil diese Liebe uns antreibt. Weil sie uns befähigt, über Grenzen zu gehen und mehr zu schaffen, als wir jemals dachten. Der Erfinder dieser Liebe ist Gott selbst. Er ist die Liebe in Reinform. Alles, was wir geben, ist ein kleiner Funke dieser riesigen Liebe. Ein Abbild dieser Liebe Gottes.

Jahre später dürfen wir mit unserer Tochter leben. Sie hat überlebt und keine Beeinträchtigung zurückbehalten. Das ist ein Wunder. Sieben Jahre alt ist sie. Sie hat sich durch die ersten harten Wochen gekämpft. Hat Ärzte ratlos hinterlassen. Wie eine kleine Löwin, die leben will. Löwen-Lotta ist bis heute einer ihrer Spitznamen. Die ersten Krankheitswochen haben sie auch körperlich entstellt. Wenn ich heute die Fotos sehe, erschrecke ich manchmal. Alles voller Kabel, aufgedunsen von vielen Medikamenten. Aber in unserer tiefen Liebe zu ihr haben wir IMMER unser wundervolles Kind gesehen. Haben mit ihr gelitten, wie ihr Körper gekämpft hat. Haben geweint und gebetet. Sie gesegnet und jeden Abend, bevor wir gehen mussten, für sie gesungen.

Jeden Abend konnte ich es fast nicht aushalten, unser Kind dort zurück zu lassen. Es war eine Art körperlicher Schmerz. All das auszuhalten und zu ertragen, dazu ist Liebe fähig. Hätte man mir ein paar Wochen davor gesagt, was uns erwartet, hätte ich wohl nicht geglaubt, wie die Liebe zu unserem Kind ungeahnte Kräfte und Kampfgeist bewirken würde. Diese Liebe fokussiert sich nicht auf das Unperfekte. Wir sahen UNSER KIND. Liebe lässt wachsen und überleben. Liebe feuert an und hilft, weiter zu gehen.

Ein kleines Mädchen mit ein paar hundert Gramm Körpergewicht, lag mit unserem Kind im Zimmer. Sie hörte immer wieder auf zu atmen. Als die Geräte anfingen zu piepen, sprach die Mutter mit ihrem Kind. Sagte: „Du musst jetzt atmen. Atme!" Und was geschah? Das Kind atmete weiter. Die Stimme der liebenden Mutter hatte so eine Kraft, dass dieses Kind reagierte, kämpfte und atmete. Das hat mich so sehr berührt. Dazu ist Liebe in der

Lage. Es hat das schwer kranke Kind angefeuert, weiter zu leben.

Liebe lässt kämpfen.

Liebe lässt überleben.

Seit ich Mutter bin, habe ich viele solcher Geschichten gehört. Die immer wieder davon erzählen, wozu die Liebe einer Mutter in der Lage ist. Ich habe eine Frau kennen gelernt, die zur gleichen Zeit wie ich Mutter wurde. Auf der Flucht. Ihre Zwillinge kamen unterwegs zur Welt. Den Rest der Strecke hat diese Mutter ihre Kinder getragen. Unvorstellbar.

Zurück, zu unserer Geschichte: Am Anfang hätte ich niemals geglaubt, dass ich einmal etwas anderes für dieses Kind empfinden würde als Liebe … Nach so einer Grenzerfahrung, hielt ich die eigene Liebe für unanfechtbar. Aber das war erst der Anfang meines Weges. Heute bereichert ein absolut willensstarkes Mädchen unseren Alltag. Und wir spüren oft unsere Grenzen. Ja, es gab auch Momente, in denen ich sehr, sehr tief durchatmen musste. Das tausendste Mal NEIN und das lautstark an einem Tag auszuhalten, ist nicht immer leicht. Die ersten Türen, die knallen und meine eigene Müdigkeit geben sich manchmal die Klinke in die Hand. Ich hätte nicht gedacht, wie sehr sie mich an meine Grenzen bringen würde. Und auch nicht, dass ich manchmal einfach nur froh sein würde, einen Tag geschafft zu haben.

Nein, die Liebe ging nie verloren. Aber zur Liebe gehört auch immer der Alltag, der von Höhen und Tiefen geprägt ist. Zur Liebe gehören schöne Momente und Tiefpunkte. Versagen. Fehler und das immer wieder NEU-ANFAN-

GEN. Die Liebe ohne Fehler und Makel gibt es auf dieser Welt nicht. Das zeigen auch unsere eigenen Erfahrungen aus der Kindheit. Die Liebessprache unserer Eltern geht mit uns und prägt uns. Fließt ein, in den Umgang, den wir mit unseren Kindern haben.

Über die Jahre kamen noch 4 Kinder dazu. Eins lebt beim Vater im Himmel. Wir lieben es, obwohl wir es nicht lebendig kennen lernen konnten. Die Liebe zu ihm hat den Faden zur Ewigkeit für uns gespannt. Und wir freuen uns, es eines Tages kennenzulernen. Das Gefühl der Liebe, ist genauso stark zu diesem Kind wie zu unseren anderen Kindern. Ein zweites Mal haben wir unter Tränen lernen müssen, dass zur Liebe auch Loslassen gehört.

Vier Kinder sitzen hier um unseren Tisch. Es ist wirklich das BESTE, das uns jemals passieren konnte UND es ist das Herausforderndste, das wir jemals als Paar gemeistert haben.

Ich denke oft an meinen Beruf als Jugendreferentin, als ich große Veranstaltungen mit vielen Jugendlichen organisiert und durchgeführt habe. Es erscheint mir heute, als die leichtere Etappe meines Lebens. Denn es gab Pausen. Nächte. Einen Wechsel von Arbeit und freier Zeit – meistens. Ich konnte tun, wofür mein Herz schlägt, was ich liebe. Aber ich konnte auch meinen inneren Tank immer wieder auffüllen und mit neuer Kraft losziehen.

Als MAMA spüre ich immer wieder, dass mein eigener LIEBESTANK schnell leerlaufen kann. Da sind meine eigenen Bedürfnisse – aber es ist nicht mehr viel Zeit, ihnen wirklich nachzugehen. Da sind vier Wesen, die alles fordern an Liebe, Aufmerksamkeit und Zuwendung. Wir geben unser BESTES. Geben, was wir haben an Liebe und Fürsorge. Stoßen aber auch an unsere Grenzen. Kommen außer Puste. Sind müde.

In dieser MAMA-Zeit ist mir der Gedanke, dass Gott liebt, wie eine Mutter es tut, nochmal ganz neu nah gekommen. Und ich fühle mich so verstanden. Ich fühle mich begleitet in meinem Alltag. Getragen und ermutigt.

Gott liebt, wie eine Mutter es tut …

Ob er manchmal auch an seine Grenzen mit uns stößt?

Ob er auch manchmal traurig darüber ist, wenn wir uns anders verhalten oder entwickeln, wie er es sich für uns gedacht hat?

Ob er leidet, wenn wir leiden und einsam sind.

Ob er mit stolz geschwellter Brust applaudiert, wenn uns etwas Gutes gelingt?

Ob er tanzt vor Freude, wenn wir eine Etappe unseres Lebens gemeistert haben?

JA. JA und JA. Ich glaube es.

Er ist der, der das Potential in uns sieht und uns anfeuert weiter zu machen, größer zu denken, nicht stehen zu bleiben. Manchmal sehe ich Gott in der schreienden Mutter am Fußballplatz, die ihr Kind anfeuert, sich zu fokussieren und nicht abbringen zu lassen. Ich sehe ihn in der Freundin, die weint, weil ihr Kind in der Schule gemobbt wird und sie so sehr mitleidet. Ich sehe ihn in der Mama, die auch mal sauer wird, weil sie das Gefühl hat, dass das Kind unter seinen Möglichkeiten bleibt und dafür deutliche Worte findet. Ich sehe Gott in meiner Mama, deren Liebe aus mir das gemacht hat, was ich heute bin. Er ist der, der voller Mitgefühl ist, wenn wir leiden. Ja, ich glaube er weint mit uns. Er tröstet. Und genauso ist er voller Freude, wenn in unserem Herzen Freude ist und voller Stolz über seine Kinder, die GUTES bewegen.

Er sieht uns in unserer menschlichen Art zu lieben. Er hat nicht die Erwartung, dass wir lieben, wie er es tut. Das können wir gar nicht. Aber er lädt uns ein, seiner Liebe zu begegnen, die auch uns verändert. Die uns befähigt, die zu lieben, die um uns sind. Unsere Liebe und unsere Kraft werden immer wieder an Grenzen stoßen. Bei ihm dürfen wir diese Liebe auftanken, die wir brauchen.

Meine Beziehung zu Gott hat sich verändert seit ich eine Mama bin. Als Hauptamtliche hatte ich viel Zeit, um in Gottes Wort zu studieren, zu forschen, gute Bücher zu lesen und mich wirklich immer wieder mit Gutem zu füllen. Ich erinnere mich an intensive Gebetszeiten, manchmal auf Knien, für andere Menschen und diese Welt. Ich erinnere mich an Stunden konzentrierter Schreibtischarbeit und dem Schreiben von Predigten.

Heute sieht das etwas anders aus. Das Leben hat einen schnellen Takt. Es gibt wenig Pausen. Es ist gefüllt mit Kinderlachen und manchen Tränen. Es ist wild, bunt und fröhlich. Manchmal auch niederschmetternd und aufbrausend, wie ein großer Sturm. Ich weiß, alles hat seine Zeit. Und die Kinder werden nicht immer klein bleiben. Das tröstet mich. Und ich weiß, Gottes Liebe darf in den unterschiedlichsten Etappen des Lebens immer wieder neu erlebt und persönlich definiert werden.

Alles ist im Wandel, alles verändert sich. Was bleibt ist Gott – Er ist die Liebe. Er ist interessiert an einer Begegnung / Beziehung mit mir in dem Leben, in dem ich gerade stecke. Er weiß am Besten, was ich brauche, und er ist in der Lage, mich durch diese Zeit zu bringen.

Ich versuche, im Alltag meinen eigenen Liebestank im Blick zu haben. Verantwortung dafür zu übernehmen, dass ich nicht leerlaufe. Ich lerne um Hilfe zu bitten und um Unterstützung. Denn ja – um ein Kind großzuziehen, braucht es ein Dorf, das mithilft, mitliebt und mitglaubt.

Liebe ist ein Geschenk und ich darf lernen, es anzunehmen, von Gott und von Menschen. Ich bleibe im Gespräch mit IHM über mein Leben. Ich suche die Zeitfenster im Alltag. Die kleinen Momente in denen ich Gott mitteilen kann, wie es mir geht und was ich brauche. Ich bete sehr viel konkreter, weil ich seine Hilfe wirklich brauche. Halte ihm meine leeren Hände hin und bitte ihn, sie zu füllen. Ich weiß, dass ich aus eigener Kraft immer wieder an meine Grenzen stoßen werde. Ich bete, dass ich mit der Kraft der Liebe Gottes meine Kinder lieben kann. Ich vertraue darauf, dass seine Liebe immer einmal mehr liebt, als ich es jemals kann.

GELIEBT

Sei dir sicher
Du bist geliebt
Mit der größten Liebe, die je gefunden wurde
Sei dir sicher
Du bist gesehen, vom Schöpfer, der dich gemacht hat
Gemacht etwas zu tun, dass du tun kannst

Denke nicht gering über deine Liebe
Glaube nicht, dass sie nichts bewirken wird

Deine Liebe kann Berge versetzen
Und beim Überleben helfen
Deine Liebe kann Wunden heilen und Rückenwind geben

Achte deine Grenzen
Und komm mit deinem Mangel
Lass dich füllen, von dem der die Liebe ist – er hat genug
Er liebt zuerst dich, damit du wieder Kraft hast, andere
zu lieben

Er erinnert dich, wozu du gemacht bist
Und er glaubt, dass du es schaffen kannst
Er feuert dich an, wenn du glaubst, keinen Schritt mehr
vor den anderen setzen zu können
Er umarmt dein Leben mit allem, was dazu gehört
Er besitzt die Fähigkeit, Schönheit aus Asche zu schaffen
und die Kraft erloschene Liebe wieder anzufachen

Bei ihm ist Kraft für Heute und MUT für Morgen.
Tatkraft anzupacken
Heilige Unzufriedenheit, um aufzuräumen
Schwere Etappen zu meistern

Bei ihm ist Leichtigkeit und Lebensfreude
Die Fähigkeit, einmal mehr zu lieben und zu glauben
Wider allen Umständen

Impulsfragen:

- Was hilft mir, meinen eigenen Liebestank aufzufüllen?
- Wann und wie habe ich Gottes Liebe gespürt?
- In welchen Bereichen meines Lebens brauche ich mehr Liebe und möchte ich gesehen werden?

HERAUSGEBERTEAM, AUTORINNEN UND AUTOREN

Herausgeberteam

Martin Werth, Dr. theol., ist Dozent und Direktor der Evangelistenschule Johanneum, Wuppertal.
Martina Walter-Krick ist Diplom-Pädagogin und Dozentin an der Evangelistenschule Johanneum, Wuppertal.

Autorinnen und Autoren

Johannes Beer ist Gemeindepfarrer, Pfarrer der Offenen Kirche und Kulturbeauftragter des Kirchenkreises, Herford.
Dorothea Bronsema, war viele Jahre in christlicher Jugendverbandsarbeit tätig und ist freiberufliche Referentin und Autorin.
Christiane Hambsch ist Pfarrerin in der evangelische Kirchengemeinde Kelzenberg.
Charles R. Hackbarth ist Gemeindebauer in Kelzenberg.
Michael Klein, Prof. Dr., Dr., ist Pfarrer in Hamm an der Sieg und Historiker.
Felicitas A. Lehnert, ist Ehe-, Familien- und Lebensberaterin, Psychologische Beraterin und Heilpraktikerin.

Volker A. Lehnert, Dr. theol., ist Pfarrer, Kirchenrat und Leitender Dezernent für Personalentwicklung der Ev. Kirche im Rheinland.

Thorsten Riewesell, leitet das Sozialwerk "Jumpers e.V." mit immer wachsenden Beriechen, wie "Sempers e.V.".

Christian Stäblein, Dr., ist Bischof der evangelischen Kirche Berlin, Brandenburg, schleßische Oberlaußitz.

Dennis Weiß ist Gemeindepädagogischer Mitarbeiter in der Kirchengemeinde Uellendahl-Ostersbaum.

Dagmar Zimmermann ist langjährige Jugendreferentin im Ruhestand.